高等职业教育信息技术赋能教育系列教材

信息技术职业素养

赵一瑾　张　杰　何　芸◎主编

中国铁道出版社有限公司
CHINA RAILWAY PUBLISHING HOUSE CO., LTD.

内 容 简 介

本书分为上下两篇，上篇包含9章内容，通过学习与技能训练，帮助学生在步入社会前具备创新思维、人际交往、实践合作等职业素养；下篇包含9章内容，在完成上篇学习任务的基础上，帮助各类信息专业学生梳理纷繁复杂的行业发展背景，以期具备基本的底层信息素养。

本书形式新颖、由浅入深、循序渐进，阶梯递进式开展教学。全书通过大量的案例和实践练习，着重于对学生实际应用能力的培养，并将职业场景引入课堂教学，让学生提前进入工作角色。

本书适合作为高等职业院校信息类相关专业的职业素养教材，也可作为相关企业的员工培训教材，同时还可供从事电子信息技术类工作的职场新人学习实践。

图书在版编目（CIP）数据

信息技术职业素养/赵一瑾，张杰，何芸主编. —北京：中国铁道出版社有限公司，2023.1
高等职业教育信息技术赋能教育系列教材
ISBN 978-7-113-29760-2

Ⅰ.①信… Ⅱ.①赵…②张…③何… Ⅲ.①信息产业-职业道德-高等职业教育-教材 Ⅳ.①F49

中国版本图书馆CIP数据核字（2022）第194189号

书　　名：信息技术职业素养
作　　者：赵一瑾　张　杰　何　芸

策　　划：徐海英　　编辑部电话：（010）63560043
责任编辑：何红艳　包　宁
封面设计：刘　莎
责任校对：苗　丹
责任印制：樊启鹏

出版发行：中国铁道出版社有限公司（100054，北京市西城区右安门西街8号）
网　　址：http://www.tdpress.com/51eds/
印　　刷：北京联兴盛业印刷股份有限公司
版　　次：2023年1月第1版　2023年1月第1次印刷
开　　本：787 mm×1 092 mm　1/16　印张：14　字数：347千
书　　号：ISBN 978-7-113-29760-2
定　　价：49.80元

前　言

2016 年 9 月 13 日，《中国学生发展核心素养》研究成果在北京发布。核心素养以培养“全面发展的人”为核心，分为文化基础、自主发展、社会参与三个方面，综合表现为人文底蕴、科学精神、学会学习、健康生活、责任担当、实践创新六大素养（见图 Q-1）。各素养之间相互联系、互相补充、相互促进，在不同情境中整体发挥作用。

本教材把立德树人作为根本任务，在《中国学生发展核心素养》的指引下，以“三方融合、三位一体、三级递进职业素养培养模式”（见图 Q-1）和“信息工匠职业素养轮”为理论基础，贯穿教材始终。将核心素养融入职业素养教育、文化通识教育、专业知识教育、社会实践教育各环节。教材中将其简称为“三三制”与“职素轮”。

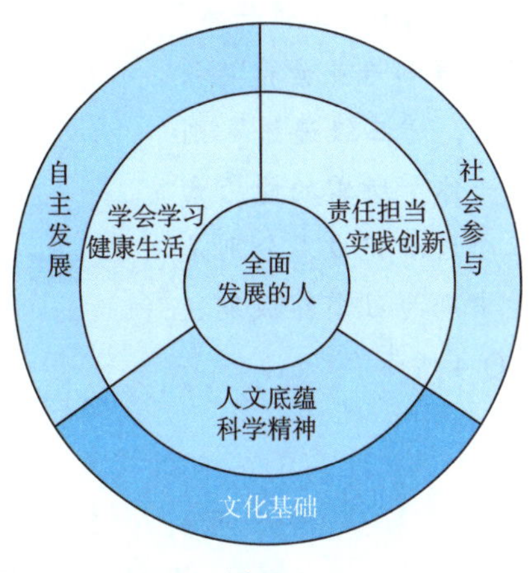

图 Q-1

经过一校多企开发团队共同研究发现，学生核心素养不稳定主要表现在“自主发展”这一方面，当“自主发展”这一核心素养得以养成，文化基础与社会参与两个层面将顺理成章。人的职业生涯在整个人生中占比最重，因此“全面发展的人”同样是职业素养追求的核心，不同的专业人才，在不同的社会领域所需要的六大核心实力有优先级之分，其中学会学习、健康生活、责任担当为首要学习任务，具备学会学习的能力就能解锁人文底蕴与科学精神，有一个健康生活的意识就有了“革命的本钱”，拥有负责任的态度也必将勇于实践创新。

于是，我们从“通识职业素养”“学科专业素养”“社会化协作能力”三个纵向指标设定相关课程，将“通识职业素养”设立单独科目进行实习实训，服务于学科专业素养的打造，把“社会化协作能力”融入日常班级事务管理当中，形成“人人有事做，事事有人做”的自主发展模式。

我们通过分析中国学生发展核心素养的关键因果链，即先养成“自主发展”的行为习惯，进而推动“文化基础”和“社会参与”形成增强回路，完成了“三三制”和“职素轮”的创建。还针对学生特质提取六大核心实力中的优先级，确立九个培养要素，即规划目标、认知升级、人职画像、自我管理、人际关系管理、沟通表达、组织配合、劳动纠纷模拟法庭、胜任计划。以理论课堂、讲座、综合素质拓展训练、体验式游戏、社会角色模拟、主题班会、职业化班级管理等形式，与多专业人才培养方案进行融合，多维优化与迭代，具化成切实有效的教学模型。

三三制

“三三制”职业素养培养模式是一个由学校、企业和学生“三方融合”，纵横立体地用“三位一体”“三级递进”的方式打造的职业素养培养模式，其中“三方融合”是指站在学校的立场，用企业的视角，以学生为中心由“校企生”三方联手的结构（见图Q-2），而“三位一体”是指纵向打造“通识核心素养”“学科专业素养”“社会化协作能力”（见图Q-3），“三级递进”则是横向发展主线，把“三位一体”所需的能力素质以递进加强的方式分为三个进阶完成，分别是开学季为认知觉醒期、教学中期为习惯养成期、毕业季为助力启航期，如图Q-4所示。

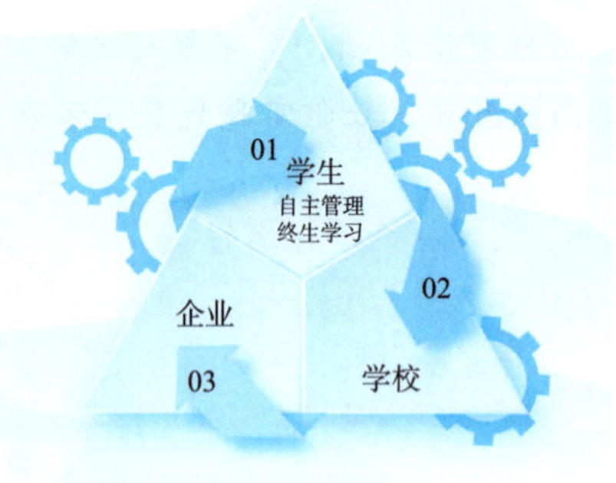

图 Q-2

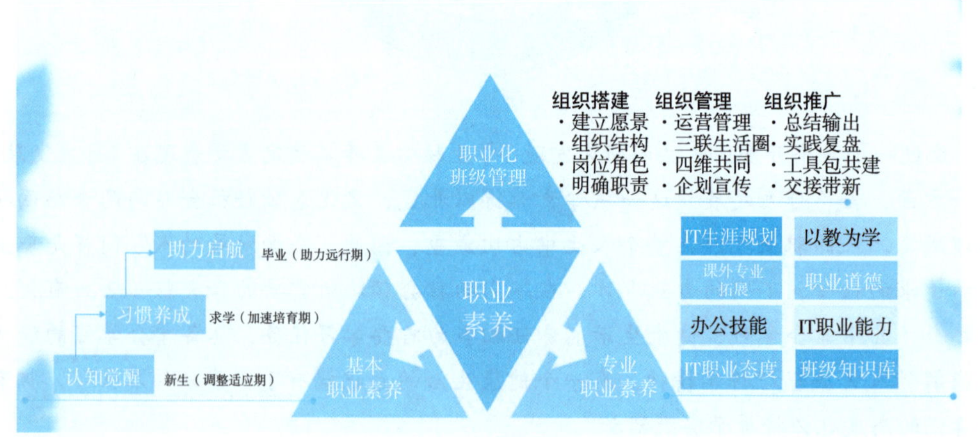

图 Q-3

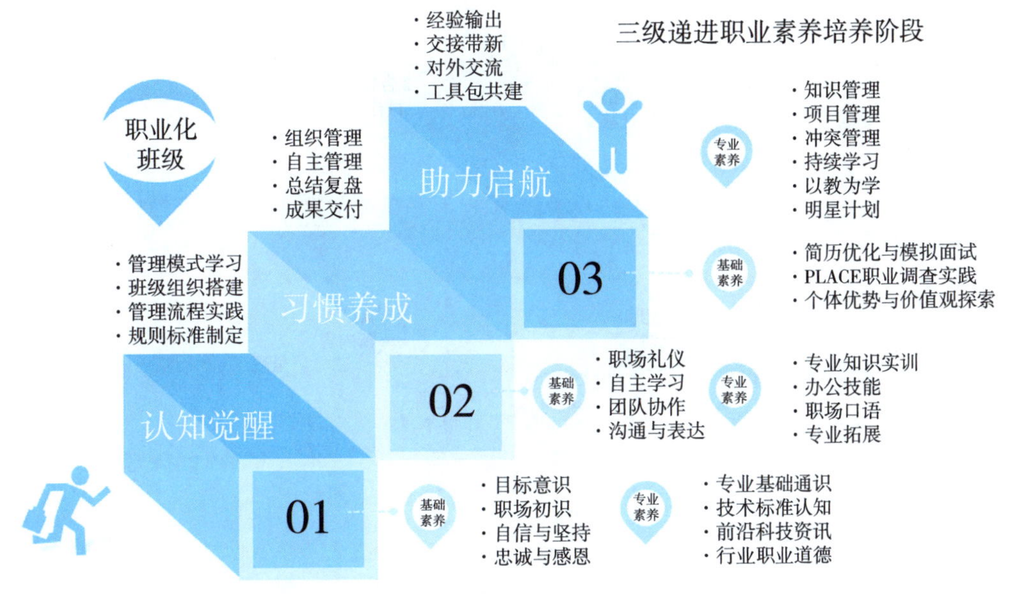

图 Q-4

职素轮

在“三三制”的基础上，开发团队梳理了多年的实战经验，实地探访多家企业，吸纳了最新的职场资讯与知识，构建出“信息工匠职业素养轮”。这一模型的搭建是把抽象的经验进行了体系化的具象集合。

教材结构

本教材通过开发团队多年的教学实践和调研，致力于“信息工匠”的职业能力发展和职业素质培养，全书分为专业职业素养与通用职业素养两个维度，三个阶段，共十八章。通过与联想、黄冈教育、科大讯飞等信息类企业共商共编，直接把信息类企业所需的职业素养训练搬到课堂上来。用“导语”“教学实施表”统领梳理每个教学情境；利用“课前资料”进行技术发展历程梳理及基础知识准备；通过课前准备，完成“课前学习测试”，帮助老师结合学生学情开展后续教学；“工作任务布置”导入工作场景，完成对学习内容的技能训练；最后通过“点亮星星”开拓学生学习后获取技能的更多可能性。从宏观到自身，用体验式游戏、视频、故事、模型等方式导入知识点，让学习者从视觉、听觉、触觉三维感受学习乐趣，提供在信息化时代可持续发展的职业素养教学和学习系统。读者能以此为思路，开拓扩展自身的职业能力，创造机会，收获成长。而不是简单地依赖现有内容进行被动学习。要养成良好的职业素养，需要个体在整个生涯过程中不断思索自省，终身学习。

五步教学法

职业素养教学是多元形式并施，多师共同配合的特殊教学方式。在教材开发初期，我们吸收了加涅九大教学事件（见图 Q-5）和联想教学九环节（见图 Q-6）的理论基础。将教材中每章的教学呈现方法归纳为五步（见图 Q-7）。

1.引起注意
2.告知目标
3.刺激回忆
4.呈现新内容
5.提供指导
6.练习
7.提供反馈
8.评估
9.加强记忆和迁移
准备
呈现
练习
评估

图 Q-5

1
激发兴趣
2
建立连接
3
介绍框架
4
激发旧知
5
引入新知
6
练习反馈
7
复习总结
8
行动计划
9
风尾收场

图 Q-6

教学标准
课前准备
教学过程
课下任务
反馈收集

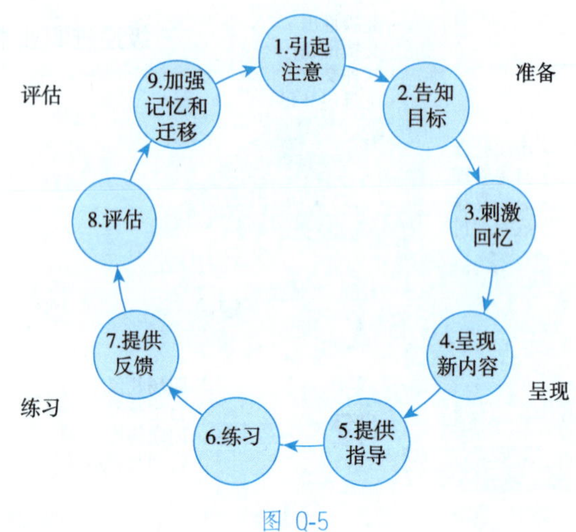

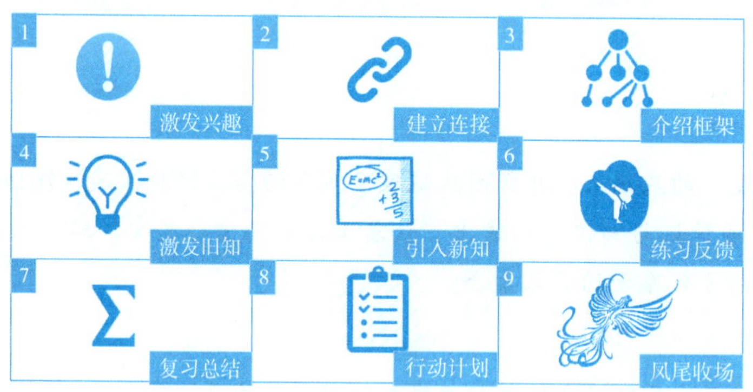

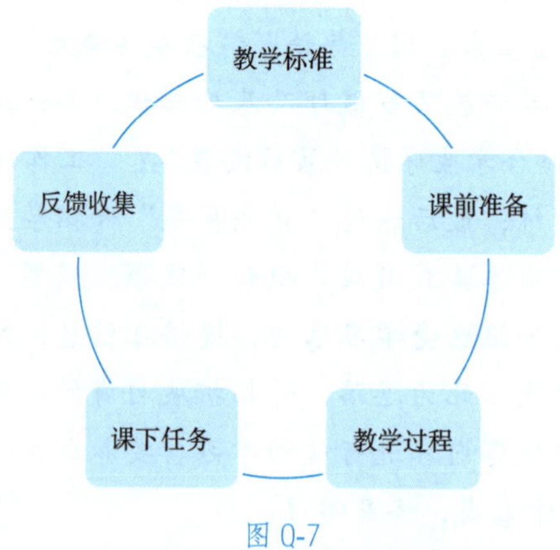

图 Q-7

● **教学标准**：每章都进行了六项标准化设计，分别是：课堂学时、练习学时、课程简介、课题目标、课题重点、教学团队。教学者可以根据学习者情况适当调整，所谓“标准”是在职业素养教学中的常规秩序，“标准化”的设计是为了保障教学效果，也是迭代课程与教学的基础，更是为了在实施教学中达到一定的统一性。

● **课前准备**：分为“学员准备、教学准备、教具材料”三项，由于职业素养教学形式的多样性，所以“课前准备”是职业素养教学必不可少的环节，其目的是保证课堂教学的顺利进行。

● **教学过程**：每章主要分五个基础教学环节，分别是导入、主题介绍、知识点或活动拆解、探讨与练习、回顾小结。过程中不单是传授职业素养相关知识，同时也是促进学习者全面发展的过程。我们为此开发出 FKP 职业素养教学模型（见图 Q-8），体验、知识、实践三者相互作用于教与学，形成一个以教为学，以学为教的教学和学习系统。

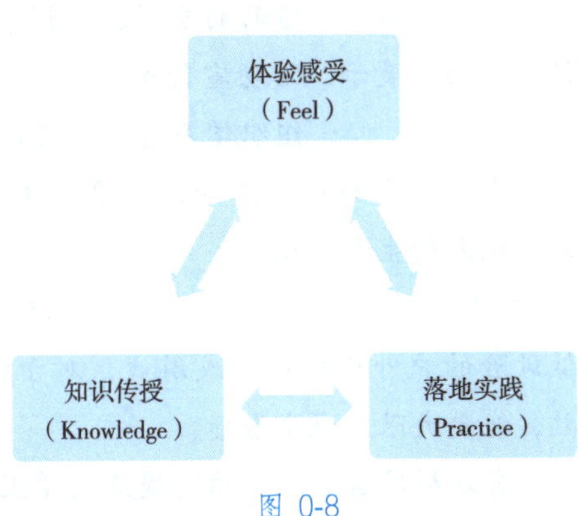

图 Q-8

● **课下任务**：以当前章为主线，设计“任务目标、任务内容、效果评价”三个环节，利用练习学时进行的真实任务演练。任务内容基于现实职场案例，让学习者在任务体验中充分感受执行效果与评价。

● **反馈收集**：基于“成果输出、教学满意度调查、360° 学习评估”三个维度的反馈收集，是本章告一段落的重要举措，一方面，学习者可以对自己的学习成果进行了解，另一方面，教学可以通过反馈信息进行积极正向的调整，滋养整个教学和学习过程。

教学建议

本教材可根据院校与专业的实际情况将职业素养课程纳入人才培养计划，为达到教学效果，建议将职业素养课程作为特色核心课，分四个学期开设，以保证充足的课时量，区别于传统教学，采用多师型课堂，以“体验、游戏、任务”三种方式（如图 Q-9）进行真实职场浸润式模拟演练。常规标准化的教学，建议依照本教材的五步教学法。

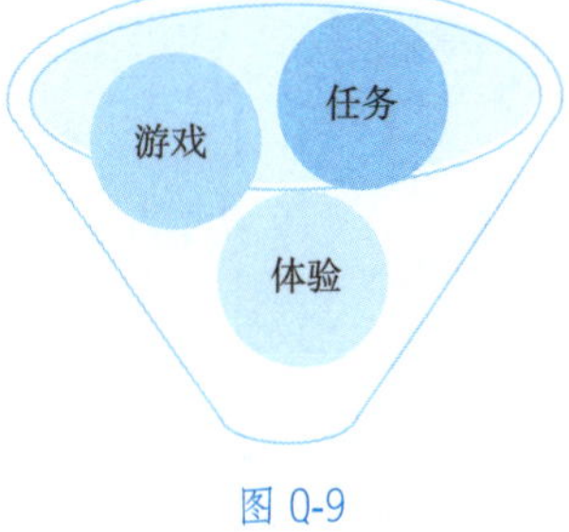

游戏
任务
体验

图 Q-9

如需进行第二课堂教学建议采用以下几种特殊的教学方法：

● **试错体验**：大学是进入社会前低成本试错的唯一阶段，在教学中可以尝试制造一些“小麻烦”帮助学习者们自省思考，甚至放大和还原一些“错误细节”来警醒和敲打学习者，最后再结合本章内容进行复盘让下一次行动更好。

● 游戏教学：可以在班级内组建学习团队进行游戏共创，将整个学期的教学任务设计成闯关游戏，也可以将课堂环节游戏化，比如：学生可以通过回答问题获得抽牌的机会，抽到的数字就计入战队得分，最终获胜的战队会获得一些特权或礼物。

● 任务演练：通过“任务”诱发学习者的成就动机，是最常用的浸润式教学手段，过程中教师是参与者也是观察者，发挥情绪价值，及时纠错、鼓励与引导。每一项任务从策划到推广再到执行和复盘都由学习者自主完成，其中需要涉及的技能点都会在任务中得到练习运用。

● 社群学习：借助朋友圈、视频号、公众号、班级群等功能进行知识点分享、表达练习、形象展示、活动宣传等。

● 活动策划：组织学习者进行活动策划和执行，进行多课题的综合运用，采取开放性原则，适当施压，充分让学习者体验整个活动流程，最后进行复盘，并总结所用到的知识或衍生新知识。

● 户外教学：不限于教室，可以到操场进行相关课题的教学，但需要注意学员安全，低风险的户外模拟训练或游戏，对于提高组织沟通能力和进行团队精神培养都相当有效，能更大限度激发潜能。

有效利用这本教材的前提是大学里的公共资源、活动组织和有关材料可以作为职业素养课程的辅助教学资源加以组织、调整和管理。例如，勤工俭学可以为学习者提供职业锻炼的机会；学校多媒体中心可以为学习者提供对外沟通展示自我的机会；各专业跨学科观摩可以为学习者开拓职业视野等。

本书由云南交通职业技术学院赵一瑾、张杰、何芸主编。联想、黄冈教育、科大讯飞三个信息企业在编写过程中给予大力支持和帮助。另外，特别感谢李景峰、宋燕平、高敏在本书撰写过程中给予的帮助和指导。

本教材虽然倾注了开发团队大量的心血，但书中或有疏漏与不妥之处，希望同行专家和广大读者给予雅正，以便今后进一步修订迭代，服务于更多人。

编　者

2022 年 7 月

目　录

上　篇

下篇

上　篇

上篇章节安排

序号	周次	章节（主要内容）	学时	课前活动	课堂教学方法	课后巩固	执笔
1	1	规划目标	2	看课前资料 完成课前测	体验式教学 知识点引导	课后项目执行	郑维婧
	2		2	看课前资料 完成课前测	体验式教学 项目式教学	课后项目策划组织与执行	
2	3	认知升级	2	看课前资料 完成课前测	案例教学 知识点引导	课后项目调查	郑维婧
	4		2	学习小组准备观点阐述	分小组阐述 教师做好归纳	课后项目成稿反馈	
3	5	人职画像	2	看课前资料 完成课前测	体验式教学 小组分享观点	课后反馈	郑维婧
	6		2	看课前资料 完成课前测	体验式教学 小组分享观点	课后反馈	
	7		2	看课前资料 完成课前测	体验式教学 小组分享观点	课后反馈	
4	8	自我管理	2	看课前资料 完成课前测	项目式教学 体验式教学	课后活动执行	李景峰 宋燕平
	9		2	看课前资料 完成课前测	项目式教学 体验式教学	课后活动执行	
	10		2	看课前资料 完成课前测	体验式教学	学习小组组建 课后头脑风暴	
5	11	人际关系管理	2	看课前资料 完成课前测	翻转课堂 分享观点	小组互评	郑维婧
6	12	沟通表达	2	扫码看资料 完成课前测	项目式教学	学习小组组建 课后活动执行	李景峰 宋燕平
	13		2	活动准备	项目式教学	学习小组组建 课后活动执行	
	14		2	活动准备	项目式教学	学习小组组建 课后活动执行	
7	15	组织配合	2	看课前资料 扫码看资料 完成课前测	案例教学 知识点引导	学习小组组建	李景峰 宋燕平
	16		2	活动准备	体验式教学	课后活动反馈	
8	17	劳动纠纷 模拟法庭	2	看课前资料 扫码看资料 完成课前测	案例教学 知识点引导	学习小组组建	高敏
9	18	胜任计划	2	看课前资料 完成课前测	案例教学 知识点引导	学习小组组建	李景峰 宋燕平
	19		2	活动准备	体验式教学	课后活动反馈	
	20		2	活动准备	体验式教学	课后活动反馈	

第一章　规划目标

周次：1~2 周　课时：4 课时

导　语

《中华人民共和国职业分类大典（2022 年版）》把职业分为 8 个大类 79 个中类 449 个小类 1 636 个职业。科技的提升引发了传统职业的变迁，信息化的广泛应用催生出很多新职业，国务院印发《关于推行终身职业技能培训制度的意见》中提出需要“紧跟新技术、新职业发展变化，建立职业分类动态调整机制”。新职业的发布，对于引领产业发展、促进就业创业、加强职业教育培训、增强对新职业从业人员的社会认同度等，都具有重要意义。

我们生活在一个信息爆炸的时代，随着经济社会不断发展，新兴技术的应用和人们需求的提升，新产业、新业态、新模式不断涌现。尽管，在这样一个巨变的年代，进行自由选择的职业机会变得非常多，但信息的爆炸性增长，意味着我们在面对海量的职业信息时很难有效率地获得对自己真正有用的信息，要想在多样复杂的社会环境和万物互联的时代中有序负责任地生活，“吾生也有涯，而知也无涯”，前者指生命，后者指边界。整个人的一生所经历的一切事件都可以纳入“生涯”这个概念，新生代不该像上一辈一样过着“少年学习、成年工作、老年退休”的三段式人生，他们从出生就进入这个时代，而这个时代也给予了大部分人自主选择、尝试变化的机会，从以往的没有太多选择，到现在的选择太多，新生代要在这信息爆炸、知识焦虑、机会频频的年代中开启职业生涯，难免被喧嚣和浮躁所影响，在“乱花渐欲迷人眼”中难以抉择，在随波逐流中苦苦挣扎，“盲目选择”在极大程度上丰富了“弯路”这个概念，信息时代会养出很多“闲人”和“懒人”。更多人会担心自己的工作一不小心就被人工智能取代，社会的变迁连招呼都不打就把一个正在工作岗位上的人淘汰了。怎么去应对未来？这是一场革命，一场需要规划自身，确立目标才能战胜的革命。

本章首先通过“生涯愿景图”体验式活动，让学习者感受到“生涯”的无常多变，帮助学习者静下心来探寻自己内心深处的职业愿景，同时探讨出生涯规划的思路与策略，帮助学习者打开眼界、认清自己与所处社会和未来时代的关系，尽早“立志”把握方向和道路，主动规划，探寻生涯中的方向与道路，进而实现行为转变并内化其正确的价值观念，成为自己生涯的主人。

其次通过“目标的指引”与“目标决定距离”两个互动小活动，导入“目标升级管理”的理念，“目标”的概念是指想要达到的境地或标准，而“目标管理”是基于未来，当下如何进行选择，采取什么动作，分配什么资源而达成的一个前进方案。所谓“升级”则是在传统的目标管理基础上加上“螺旋式上升”的理念。人的认识不是沿着直线进行的，而是无限地近似于一串圆圈、近似于螺旋式的曲线。该课题不仅仅教会学生如何确定目标？如何达成目标？而且教会学生构建一个可持续发展的目标管理系统。学生不以达成目标为完结，而是遵循个体发展的无限性，利用系统思维进行目标的升级管理，达到个体成长的螺旋式上升。某种意义上“螺旋式上升”的目标管理方式，让我们关注眼前的一小步，而不是高不可攀的“宏伟蓝图”。很像我们真实而积极的生涯发展轨迹，在目标达成的过程中，有挫折、困难、负能量等不良的旧习惯返回和破坏目标的达成，因而我们目标达成的过程不是一蹴而就的，而是迂回曲折的，其轨迹不可能是一条上升趋势的直线，而表现为螺旋式的上升曲线。本次课程帮助学生开启螺旋之路，提供目标升级管理方案，让学生学会持续不断地给予螺旋上升的力量，从而推动学生在生涯发展的目标和方向上孜孜求索。

学习笔记

教学实施表

实施环节			教师活动	学生活动	活动要点	建议时长
第1次课	课前	导入“生涯”理念，了解同学理想	发布课前任务 准备“生涯愿景图”活动	分小组 阅读课前资料 完成课前任务	导入“生涯”理念，通过课前任务彼此熟悉，进而更好地完成课堂工作任务	课前时间
	课中	“生涯关键要素”工作任务导入	组织活动 介绍活动规则 观察活动中学生的反应 控制活动节奏	按规则完成活动 分享活动心得 小组展示	引导学生通过活动理解生涯规划的重要性	40 min
		活动点评	活动心得分享后进行第一轮点评 小组展示后进行第二轮点评	思考在工作任务中出现的生涯问题 探讨工作任务中生涯规划的思路与策略	通过展示总结活动中出现的问题，并引导探索出有哪些生涯规划的思路和策略	30 min
		课后任务引导	准备课后任务 介绍生涯关键要素：兴趣个性、优势能力、目标需求	记录生涯关键要素	引导学生归纳知识点，运用所学知识完成课后任务	20 min
	课后	梳理自我	发布课后任务：根据生涯关键要素写一份自我说明书	根据生涯关键要素写一份自我说明书	结合知识点对自己进行梳理	课后时间
		分享演练	了解梳理内容 针对梳理不清晰的地方给予指导	小组内对自己梳理的内容进行分享，让身边人通过“自我说明书”更加了解彼此	发挥“自我说明书”作用，体现生涯规划的应用	课后时间
第2次课	课前	第1次课课后，在了解自我生涯的基础上，引导学生阅读第二次课前资料，并完成课前测				
	课中	活动导入“目标管理”主题	组织活动 介绍活动规则	按规则完成活动 活动心得分享	引入目标升级管理主题内容	30 min
		讨论“目标的重要性”	组织小组讨论 控制讨论节奏	小组用头脑风暴法进行讨论目标的重要性 把讨论结果记录在课堂笔记上	通过活动，学生理解目标的重要性	20 min
		重点知识讲解	讲解OKR目标管理理念 讲解SMART原则	记录知识要点 参照示例，遵循SMART原则填写个人OKR目标设定表	理解并能运用OKR和SMART目标管理工具	40 min
	课后	与未来有个约定	发布任务内容 指导并参与签约仪式 根据活动表现情况点亮星星	策划组织并参与“与未来有个约定”签约仪式	固化收获 指导行为 立志立约	课后时间

课前资料

5 ~ 8 人为一组，本次课题为起始课程，学习者首次进行学习，需要在组内进行一轮每人 1 min 的循环式沟通，通过介绍自己和理想，帮助学习者破冰，增进学习氛围。

自我介绍公式

入学自我介绍视频

第一次课前阅读

弗兰克·帕森斯（Frank Parsons）—— 生涯规划的概念起源于 1908 年的美国。一个叫弗兰克·帕森斯的人在波士顿的一栋住宅楼里创建了一个就业局，帮助当时的年轻人和成年人梳理日渐复杂的职业情况。他的著作《选择一份职业》（Choosing a Vocation）介绍了帕森斯三段论（Parsons 1909）：

（1）对自身内在的兴趣、能力、价值观，外在的背景和资源进行认真梳理和自我评估；

（2）针对所有可选择的机会，如学习、培训、就业、兼职等，对它们进行考察；

（3）根据前两个阶段所挖掘的信息，匹配、推断并进行甄选，得出最佳选择。

帕森斯被誉为“职业指导之父”，从此职业指导开始系统化。

唐纳德·E. 舒伯 (Donald E.Super)——自 20 世纪 50 年代初，另一位生涯理论大师唐纳德·E. 舒伯开始引入关于生涯发展的新思考，推崇生涯不仅只有职业或工作，也是一个人贯穿一生的过程，并提出了生涯彩虹图（Career rainbow）（见图 1-1），图中的最外层代表一生的长度，是一个生命阶段的周期，包括成长阶段、探索阶段、建立阶段、维持阶段和退出阶段。彩色的部分代表人生角色，包括子女、学生、休闲者、公民、工作者、持家者。这些是人生中的主要角色，各个角色之间相互作用。于是生涯规划不再局限于职业指导的层面。

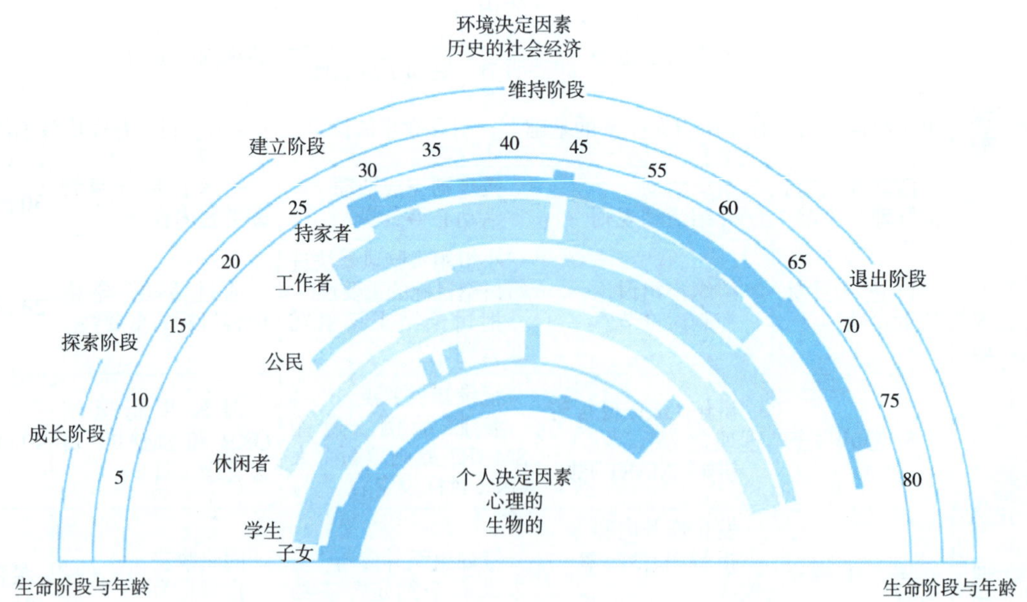

图 1-1　舒伯的生涯彩虹图

第二次课前阅读

“志以发言，言以出信，信以立志，参以定之。”出自《左传·襄公二十七年》，大致的意思是：一个人的心志能影响他的言论，言论说出口就要有诚信，做到了诚信，心志也就能立得住，因此心志、言行、诚信都统一了，德行才稳定。“立志”一词就出于此篇，现代意为“立下志愿，树定志向”。明武宗正德元年（1506年），王阳明因反对宦官刘瑾，被廷杖四十，贬至贵州龙场当驿丞。在龙场既安静又困难的环境里，他思考“圣人处此，更有何道？”他认为心是万事万物的根本，世界上的一切都是心的产物（心即理）。认识到“圣人之道，吾性自足，向之求理于事物者误也。”天理就在我们自己心中，道即吾心。史称“龙场悟道”。王阳明后著有《教条示龙场诸生》，谈到“立志、勤学、改过、责善。”他将这四条作为学习规范送给大家，望大家“慎听勿忽”。其中有一句“志不立，天下无可成之事。虽百工技艺，未有不本于志者。今学者旷废隳（huī）惰，玩岁愒（kài）时，而百无所成，皆由于志之未立耳。”大意是说，志向不树立，天下就没有可以做成功的事情，即使是各行各业的技能手艺，没有一项不是以志向为出发点的。如今求学之人懒散怠慢，荒废时日，最终一事无成，都是由于志向没有树立罢了。

“志”就是一个人的人生方向和目标，所谓志向、信念、理想、意愿、雄心抱负、内心的声音、精神追求等，都是在说“志”。人是如此，企业也是这样，伟大的企业都有自己的愿景、使命、价值观，这些也都是“志”。

学习笔记

课前准备

主　题：生涯关键要素

生涯规划（Career Planning）是指对职业生涯乃至人生进行持续的、系统的计划过程，它包括职业定位、目标设定和通道设计三个要素

生涯三叶草模型

课前测：

1. 生涯规划的起源是怎样的？

____

____

2. 生涯彩虹图是（　　）提出的。

A. 舒伯　　B. 帕森斯　　C. 弗兰克　　D. 荣格

3. 生涯彩虹图包含哪些角色？

____

____

____

____

4. 生涯规划的三要素是什么？

____

____

____

____

课前思考：

根据帕森斯“三段论”的第一条进行自我评估。

兴趣：________________________________

____

能力：________________________________

____

价值观：______________________________

____

资源：________________________________

____

主　题：与未来有个约定

目标（Target）是指根据组织的使命或个人的志向而提出的，在一定时期内所要达到的预期成果，是使命和志向的具体化，是组织或个人在一定的时间内，奋力争取达到所希望的未来状况

目标设定示例文案

课前测：

1．“志”是什么？

____

____

2．《教条示龙场诸生》是（　　）提出的。

A．刘瑾　　B．明武宗　　C．王阳明　　D．襄公

3．根据自己的理解，解释并定义“生涯”的概念？

____

____

____

____

课前思考：

1．第一次课前的自我介绍和第一次课后的自我说明书有哪些变化？

____

____

____

____

____

____

2．在自我介绍和自我说明书中你的理想和需求是什么？

____

____

____

____

____

____

工作任务布置

学习情境	规划目标（一）	
工作任务	生涯关键要素	
工作任务描述	根据“帕森斯三段论”和舒伯的“生涯彩虹图”理论梳理自己的生涯关键要素，这样有助于更全面地了解自己，从而在后面的课程中对梳理出来的关键要素进行管理	生涯关键要素效果评价音频

任务分解

生涯关键要素	自己体会到的	别人眼中的
兴趣		
能力		
个性		
优势		
需求		

相同点

·兴趣

·能力

·个性

·优势

·需求

相同点

·兴趣

·能力

·个性

·优势

·需求

注：此表中的工作任务描述、任务分解由学生扫码了解工作任务后由老师指导完成填写。

<table>
<tr><td>学习情境</td><td colspan="2">规划目标（二）</td></tr>
<tr><td>工作任务</td><td colspan="2">与未来有个约定</td></tr>
<tr><td>工作任务描述</td><td>为自己“立志”，了解目标的重要性，用 OKR 目标管理理念，结合 SMART 目标管理原则完成“与未来的自己签约”的合约书，并以班级名义，策划与组织“与未来的自己签约”仪式，邀请家长代表、辅导员与任课老师观礼</td><td>“与未来有个约定”合约书样本</td></tr>
<tr><td>任务分解</td><td colspan="2">一、准备工作
（1）讲师按照班级人数准备好空白合约书、档案袋、胶水、红色印油。
（2）每位新生准备一张一英寸照片。
（3）讲师定好签约时间后邀请辅导员和家长代表参加签约仪式。
二、签约仪式
（1）班委主持，有请辅导员或家长代表进行开场演说；让学生从“我的未来、我希望的成长、我请求老师或家长对我的帮助”三个方面认真思考，如何在这几年内达成自己的目标。
（2）班长把合约书发给学生，让学生认真填写自己的合约书和回执单并签字，贴一寸照片。
（3）学生在骑缝处盖手印，每人大声读出自己的合约书，全体同学拿着合约书合影，合完影依次将合约书交给讲师，全部收齐之后，讲师带领同学们宣誓，“我宣誓，在未来的____年里，我会全力以赴，完成我和未来的约定，为我的灿烂明天不懈奋斗！”。
（4）现场宣誓结束后，讲师助教将回执单撕下连同见证书放入档案袋，将学生的合约书塑封，签约仪式后当周内，将班级合影和塑封好的合约书贴在墙上，将合约墙拍照发至公开社群等，签约仪式正式结束，学生档案由辅导员或班级管理部门妥善保管。
（5）合约书上墙仪式结束后，每周警醒 2~3 名同学的回顾，看是否有效改进。
（6）每学期对自己做一个回顾及进步的盘点总结</td></tr>
</table>

注：此表中的工作任务描述、任务分解由学生扫码了解工作任务后由老师指导完成填写。

课堂学习记录

工作任务：生涯关键要素
课堂笔记：
课后问题记录： 1. ______ ______ 2. ______ ______ 3. ______ ______

工作任务：与未来有个约定

课堂笔记：

课后问题记录：

1. ____________________

____

2. ____________________

____

3. ____________________

____

学习小组活动记录表

<table>
<tr><td>讨论主题</td><td colspan="3"></td><td>日期</td><td></td></tr>
<tr><td>班级</td><td></td><td>组号</td><td></td><td>组长</td><td></td></tr>
<tr><td>组员</td><td colspan="5"></td></tr>
<tr><td>前期规划与安排</td><td colspan="5"></td></tr>
<tr><td>实施情况及呈现方式描述</td><td colspan="5"></td></tr>
<tr><td>实施后反思</td><td colspan="5"></td></tr>
<tr><td>改进方向</td><td colspan="5"></td></tr>
</table>

点亮“星星”——评分汇总表

讨论主题		日期	
班级		组号	
星星事项			
1		☆	
2		☆	
3		☆	
4		☆	
5		☆	
6		☆	
收获我来说			
组员互评			
教师点评			

第二章　认知升级

周次：3~4 周　课时：4 课时

导　语

我们今天的时代是智能时代，技术瞬息万变，科学日新月异。在这样一个时代背景下，原有的技术很容易被新一轮的技术取代，在未来被“人工智能 +”赋能的时代中，一些职业可能永久消失，这场颠覆将会比互联网和移动互联网给人类带来的颠覆更加令人震撼。人工智能或许不会取代人类，而是解放了生产力和创造力，但倘若不去改变，随时可能被社会淘汰。如今的职业发展不是来自体制的庇护，唯有自身的认知升级不可替代，技术也许会过时，但关于自身“元认知”和对行业职业的“感觉”可以不断迭代升级，提前布局。在计算机中，操作系统（Operating System，OS）是最基本也是最重要的基础性系统软件，提供了一个让用户与系统交互的操作界面。而对于一个人来说，认知的层次，很大程度上决定了这个人的底层操作系统，也是生而为人，最重要且最基础的功能系统。认知的概念是个体认识客观世界的信息加工活动，包括感觉、知觉、记忆、思维、想象和语言等。人与人之间的差异，无疑是认知的差异，而认知的维度决定一个人的高度。当今的知识付费解决不了所有人的认知焦虑，看上去努力学了很多知识，到头来却忘了进行归纳反馈的“系统升级”，以至于成长缓慢限制发展。

认知升级课程以习近平新时代中国特色社会主义思想为指导，通过认知定位，从教学内容和方法上，体现认知升级的时代性和针对性，本章从认知细节出发，带领学生从学会学习的元认知策略开始，到行业与职业的全局认知，培养自己的认知大局观，进行一个全盘认知思维方式的升级，帮助学习者构建一副成长底牌，在最好的年华未雨绸缪，抓住学习机会，成为更好的自己。

学会学习中的元认知（Metacognition）是认知主体对自身的心理状态、能力、任务目标、认知策略等方面的认识，同时，又是认知主体对自身各种认知活动的计划、监控和调节。其核心是对认知的认知。学习元认知有助于提升自己的学习能力，在计划、自我指导、自我监控、自我评价、反馈调节等方面都起到积极的作用。学会学习的元认知策略就是思考自己在学习过程中的思考过程，也就是常见的弄清问题、拟定计划、实施计划和回顾反思的过程。这个过程对实现自主学习和管理尤为重要，培养自己的元认知就是对自己深层次的探索，明确自己知道和不知道的，认识到自己的认知边界，充分自省。

行业与职业同人一样，都有边界和生老病死。行业是工商业中的类别。职业是个人在社会中从事的工作。作为专业人士，了解自己所处的行业与职业，有助于了解自己在当前社会的立足点，通过对行业与职业的探索，个人才可能获悉自己的职场定位，从而明确为之努力的方向。行业具有战略意义，意味着将来选择的“赛道”，职业则是同一赛道不同重量级领域。行业与职业的认知维度决定未来职场的宽度。在行业与职业的全局认知课程中，学习者将构建一个行职信息网络，从哪些维度进行甄别和打磨自己的行业与职业认知就是课程所需要探讨的具体内容。

教学实施表

实施环节			教师活动	学生活动	活动要点	建议时长
第1次课	课前	元认知概念导入	准备学习策略相关的视频、文字资料 发布课前任务	阅读课前准备资料 上网查阅了解元认知概念	引导学生认识终生学习的重要性和元认知策略	课前时间
	课中	课前任务检测	设置检测任务 引入讨论主题	完成课前测 讨论思考题	引导学生领会学会学习的要点	30 min
		情境导入	讲好身边同学学习故事 抛出工作任务，讨论任务解决重点	思考工作任务中需解决的具体问题 讨论工作任务中解决问题的途径	通过对学习策略的认知，解决具体的学习问题	30 min
		组队探讨	设置分组标准 根据班级情况指导分组实施 设计小组分享框架	按分组标准组队 讨论分享框架及组内分工情况、前期准备与安排	选用不同学习策略进行学习	30 min
	课后	制订学习计划并分享	针对第二次课学习内容，发布课后任务 指导制订过程中的问题	结合规划目标的知识，针对行业与职业认知制订学习计划与策略 参考课前资料中的部分内容	提升自主学习能力，共学策略	课后时间
第2次课	课前	第1次课课后				
	课中	情境回顾	梳理上节课课后内容 帮助学生回顾学会学习的元认知策略	分享各组通过学习策略整理的行业与职业认知的知识点	引入主题	30 min
		行业与职业研究	引导学生探索行业与职业研究的方法 分享行业认知报告	尝试进行行业与职业研究 扫描二维码，了解行业与职业的研究维度	了解行业与职业研究的方法	50 min
		总结点睛	总结点评，点亮“星星” 引出为什么要进行行业与职业研究	讨论收获 实施自评、互评 设想步入职场初期要怎么了解所处行业和职业	总结梳理 收获素养	10 min
	课后	调研报告	发布行业与职业认知相关的任务，可以是调研报告、PPT、小论文等形式 指导在进行调研当中遇到的问题	调研一个行业或职业 形成调研报告 进行调研分享	固化收获 指导行为 形成认知 升级思维模式	课后时间

课前资料

多年以前，AlphaGo 战胜围棋世界冠军李世石。AlphaGo 的主要工作原理是“深度学习”，这是一种基于人工神经网络试图模仿大脑的神经元之间传递、处理信息的人工智能学习方式，在简单的规则算法制定后，计算机就可以模仿大脑学习，不知疲倦，快速学习、进化。当今世界，科技进步日新月异，移动互联网、云计算、大数据、物联网等现代信息技术深刻改变着人类的思维、工作、生活、学习方式。我国强调应适应信息技术的发展，推动教育变革和创新，构建网络化、数字化、个性化、终身化的教育体系，建设“人人皆学、处处能学、时时可学”的学习型社会。学习应该有三种境界：首先，要有“望尽天涯路”那样志存高远的追求，有耐得住“昨夜西风凋碧树”的清冷和“独上高楼”的寂寞，静下心来通读苦读；其次，要勤奋努力，刻苦钻研，舍得付出，百折不挠，下真功夫、苦功夫、细功夫，即使是“衣带渐宽”也“终不悔”，“人憔悴”也心甘情愿；再次，要坚持独立思考，学用结合，学有所悟，用有所得，要在学习和实践中“众里寻他千百度”，最终“蓦然回首”，在“灯火阑珊处”领悟真谛。基于这样的时代背景，人们迫切需要开发自己相比于一般认知而言更高层次的认知，也就是对自身认知能力的认知过程。当我们能够有效觉察，自律监督与评估，并按需合理调控时，元认知就被开发出来，加以训练，自主学习能力便可达到质的飞跃（见图 2-1）。

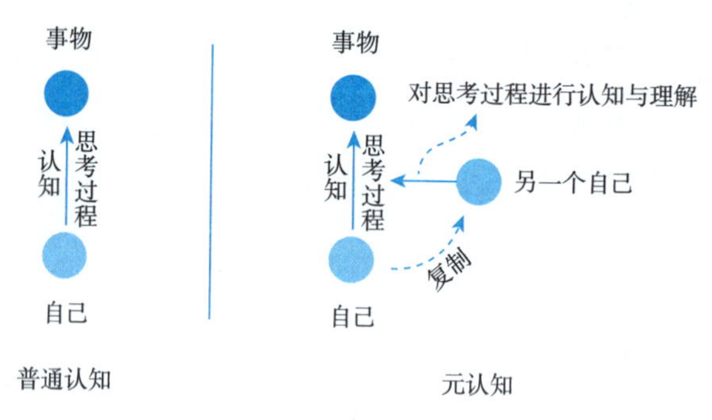

图 2-1　元认知策略

元认知学习策略主要包括三个方面：自我认知、学习认知和方法论认知。自我认知，是针对自己特质和与别人差距的认知；学习认知是对学习内容、呈现方式以及学习目标任务的认知；方法论认知则是针对达成目标策略的认知。元认知能力的掌握本质上就是学会学习的钥匙，在学习前调查规划、设计方向，在学习中根据变化适时调整，控制进程，在学习后接收反馈，复盘精进。这样前中后的学习过程就是一次完整的元认知体验。计算机的“深度学习”是模拟人脑处理信息的神经元传递，那么当我们理解自己是如何思考的，便能从深层次提高认知水平，有五个方法可以提高元认知：

（1）和自己对话，了解自己的兴趣、能力、特征、优势等信息；

（2）记录自己在完成某项工作或事务时的思考过程；

（3）分享自己的想法，进行头脑风暴；

（4）命名自己成功完成事务的方法论；

（5）跨界整合，多学科内外联系，融会贯通。

终身学习是 20 世纪国际社会影响最大、最具有革命性的教育思潮，在 20 世纪 70 年代初传入我国，1995 年颁布《中华人民共和国教育法》，以法律形式首次提出“建立和完善终身教育体系”。1999 年国务院批转的教育部《面向 21 世纪教育振兴行动计划》提出“到 2010 年，基本建立起终身学习体系”， 2002 年党的十六大报告提出到 2020 年我国要“形成全民学习、终身学习的学习型社会”首次提出建设学习型社会的战略目标。在终生学习的浪潮下，学会学习的元认知策略是意识层面的学习心法，强调以学习者自身为认知中心，主张自主学习，激发学习者的学习兴趣和学习动力，使人人乐于学习，从而终身向学，养成自主学习、评价、激励、反馈、精进的能力。

很多人担忧，随着人工智能的持续进化，人们会失去赖以生存的工作，这样的担忧焦虑和人们对每次工业革命发展的讨论如出一辙，信息技术已经默默服务我们多年，移动网络、数字营销、语音助手、百度搜索等都是计算机深度学习的产物， 引发人们对于安全和失业问题的担忧是暂时的，技术的发展使得岗位的需求发生变化，职场人必须承受和适应这样的变化，也就意味着，现在的教育体系和学习模式需要调整，使其足够灵活，从而快速、高效地教授和学习新兴的技能，如果不开启元认知，人工智能也许会比你自己还要了解你。云计算、大数据、物联网、人工智能会影响人们的工作方式，它们会为人们创造新的体验和职业，提供难以想象的机会，由于技术革新的脚步越来越快，工作岗位的更迭也逐渐变快，新机遇、新行业、新职业层出不穷，迅速判断这些新行业和职业关系到每一个新生代的职业发展。

“行业四度研究方法”，为学习者在行业认知维度上提供了宏观的认知线索，横纵立体地诠释了一个行业所需要了解和探知的维度，这不仅仅是基于个体职业生涯的开端，在日常的学习和生活中也可以帮助学生进行跨界的认知升级，创新性解决在未来工作中产生的实际问题。行业（Industry）是指从事相同性质的经济活动的所有单位的集合。比如制造业、金融业、工商业等。职业（Occupation）即个人所从事的服务于社会并作为主要生活来源的工作。根据中国职业规划师协会的定义：职业 = 职能 × 行业。每一个职业都在具体的行业当中，一个行业当中可以包括很多职业，随着经济社会的发展，很难将某一个职业和某一个行业单独区分开来，各个行业和职业之间是相互渗透的。比如网络技术人员这种职业则可能在计算机、网络、教育、房地产、金融业等多个行业中存在。对于个人发展规划来说，行业的选择应该优于职业的选择，前文提到行业即赛道，相当于职业生涯的方向，行业赛道的转换代价通常比职业转换的代价高得多。比如一个教培行业的英语老师，要转换成为计算机行业的程序员，基本上需要一切从零开始学习相关行业的专业知识，时间精力都需要接受巨大的挑战。但一个计算机行业的程序员要转换成为计算机行业的培训师就容易很多。因此，研究行业成为个人生涯管理中必不可少的课题。

当我们进入大学学习时，更多的讨论是围绕着这个专业将来是做什么的？能够找到一个什么样的工作？很少有同学会关心读了一个专业会进入一个怎样的行业。我国《职业教育专业目录（2021 年）》共设置 19 个专业大类 97 个专业类 1 349 个专业。在这些学科门类中，工学的学科门类庞大，主要为各种制造业，建筑业培养工程师等专业技术人才，但毕业生就业的行业比较广泛。大部分专业在培养时，并没有一个明确的行业或职业方向，因此，读了某个专业可以找哪些行业的工作？是当代学生面临的新问题。能够接触和研究不同行业往往在认知的高度和广度上走得更远，成长更快，当选定某一个行业领域深耕时也能更有针对性地用亲身经验积累深刻的行业洞见，多元的行业认知是一种非常好的成长方式，主要表现为以下几点：

（1）单一行业解决不了的问题，也许跨界可以找到方法，不同行业的研究和思考在逐步拓宽人的思路和视野。

（2）很多行业的底层逻辑是互通的，运行在根本上遵循一些基本原则，这种规律有助于学习者理解和布局未来发展。

（3）当真的有必要转换赛道时，行业认知能更好更快地将能力和经验与新行业的业务逻辑迅速链接，得到迁移。

（4）研究不同行业的联系，重新组合有可能就是创新。

基于个人职业生涯发展的行业认知，不必过于深入，因为不可能在短期内只通过查阅资料就能成为行业专家，但也不可浮于“产业规模、竞争格局、行业趋势”等程式化的理论。当我们研究一个行业时，可以遵循“行业认知四度”来完成行业初识（见图 2-2）。

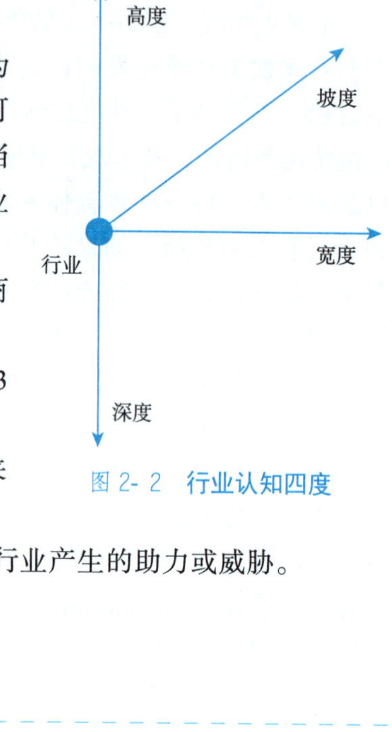

图 2-2 行业认知四度

- 行业认知的深度——了解该行业的规模现状，所处的商业环境和商业模式，行业内部的常识与规则；
- 行业认知的高度——了解该行业中的标准，找出至少 3 家标杆企业，分析其成功的原因；
- 行业认知的宽度——了解该行业的历史沿革以及未来趋势；
- 行业认知的坡度——了解该行业竞争的壁垒，新技术对行业产生的助力或威胁。

课前准备

主　题：认知升级	 认知层次图示
认知（Cognition），是指人们获得知识或应用知识的过程，或信息加工的过程，这是人的最基本的心理过程。它包括感觉、知觉、记忆、思维、想象和语言等。人脑接收外界输入的信息，经过头脑的加工处理，转换成内在的心理活动，进而支配人的行为，这个过程就是信息加工的过程，也就是认知过程	

课前测：

1. AlphaGo 的主要工作原理是什么？

____

____

2. 行业认知四度正确的是（　　）。

A. 高度、宽度、深度、长度　　B. 高度、宽度、温度、坡度

C. 长度、尺度、宽度、温度　　D. 高度、深度、宽度、坡度

3. 请简要描述学习应该有的三种境界。

____

____

____

____

课前思考：

你最喜欢的学习方法有哪些？

____

____

____

____

____

____

____

____

____

____

____

工作任务布置

<table>
<tr><td>学习情境</td><td colspan="2">认知升级</td></tr>
<tr><td>工作任务</td><td colspan="2">用元认知策略调研职业与行业</td></tr>
<tr><td>工作任务描述</td><td>结合自身对所学专业用元认知策略，结合行业四度研究方法进行职业与行业研究分析，并形成研究报告</td><td>调研报告样本格式</td></tr>
<tr><td>任务分解</td><td colspan="2">将学生每三人分为一组，分别扮演提问者、回答者、观察者三个角色。给提问者一份自我提问的表单，让同学们在行职调查中同时根据提问表单进行提问并由回答者回答，观察者进行客观观察。问完一轮可调换角色再进行一轮，直到每个同学都扮演过三个角色。
有研究表明，角色扮演提问法能有效促进学生的思考与竞争，发展元认知，在解决问题的同时学生间互相问答能有效促使学生理解元认知学习策略的思维方式，角色扮演且提问越多的学生解决问题的速度也越快。
问题表单：
计划：设置行业或职业调查目标、浏览材料、预先设问并回答。
① 需要调查什么行业或职业？我们打算干什么？怎么干？为什么这样干？
② 关于这个行业或职业目前知道了些什么？已有哪些信息？这些信息对我们有什么用？
③ 我们的调查计划是什么？
④ 还有哪些其他办法？
⑤ 下一步我们具体做什么？
监控：监督进度、自我提问、自我评价。
① 我们按照计划或策略执行了吗？需要一个新的计划吗？需要一个不同的策略吗？
② 我们的调查目标变了吗？现在的调查目标是什么？
③ 我们的调查方向正确吗？正逐步接近调查目标吗？
评价、调节：
① 哪些调查举措起了作用？哪些措施没有起作用？
② 下一次我们应该有什么不同措施？具体怎么调整？</td></tr>
</table>

课堂学习记录

工作任务：用元认知策略调研职业与行业

课堂笔记：

课后问题记录：

1. ____________________

____

2. ____________________

____

3. ____________________

____

学习小组活动记录表

<table>
<tr><td>讨论主题</td><td colspan="3"></td><td>日期</td><td></td></tr>
<tr><td>班级</td><td></td><td>组号</td><td></td><td>组长</td><td></td></tr>
<tr><td>组员</td><td colspan="5"></td></tr>
<tr><td>前期规划与安排</td><td colspan="5"></td></tr>
<tr><td>实施情况及呈现方式描述</td><td colspan="5"></td></tr>
<tr><td>实施后反思</td><td colspan="5"></td></tr>
<tr><td>改进方向</td><td colspan="5"></td></tr>
</table>

点亮“星星”——评分汇总表

讨论主题		日期	
班级		组号	
星星事项			
1			☆
2			☆
3			☆
4			☆
5			☆
6			☆
收获我来说			
组员互评			
教师点评			

第三章　人职画像

周次：5~7 周　课时：6 课时

导　语

随着信息技术在各行各业中的应用，云计算、大数据、移动互联、数字新媒体等技术和平台正深入渗透教育和人力资源管理领域，对于教育行业来说，多层次人才培养模式的构建就要基于大数据技术进行人才画像，而在企业人才任用方面，同样需要管理信息化对接人才信息与企业信息，通过职业画像将企业所需的人才规划、配置、培养、评价等一系列数据立体呈现。在国家全面推进“工匠精神”培育的大环境下，高等职业教育必须始终保持工匠型人才培养体系结构与社会需求相匹配，探索信息工匠的人才画像，实现对中国制造的精准服务。企业的岗位任务存在差异性，而组织目标也具有个性化的需求，因此企业的 HR 会针对岗位产生的高绩效能力设置胜任力权重，并进行图文生动的表达，从而形成职业画像，让应聘者能理解岗位价值，让管理者能清楚哪些要素是产生绩效的核心能力，这样在一定程度上，也为学校教育提供了人才培养的指标方向。本章通过“人职画像模型”（见图 3-1），以人才画像对标职业画像，用个人层面的兴趣素质、能力优势、动力需求三个维度和企业层面的素质需求、能力需求、薪酬激励三个维度进行对比引导，从而帮助学生构建一套完整的工匠型人才成长思维体系。

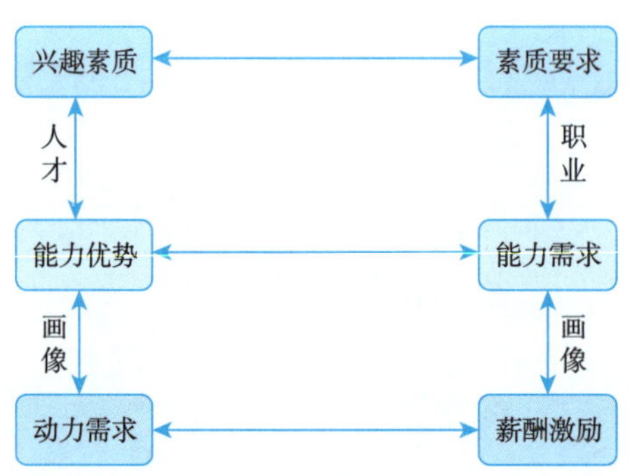

图 3-1　人职画像模型

本章指的人才画像 (Applicant Profile) 是基于个人原型，包括个人特质、兴趣、自我形象、技能优势、自身素质、动力需求等。其本质是解决自我认知，让自己清楚地知道自己需要什么样的工作，从而瞄准目标，进行职业生涯决策。而职业画像（Career Profile）是以职业需求为基础，定义和刻画出胜任这一职业的人才原型。其本质是解决人职匹配，让企业清楚需要什么样的人，帮助企业更有针对性地进行招聘、培训和发展。对应理解人职画像可以帮助人才通过职业画像的适配快速便捷地找到适合自己的工作，也可以帮助企业根据人才画像找到相应职业技能的人才。无论是营销中的用户画像还是犯罪心理学中的嫌疑人画像，都是为了把视野聚焦在某一特点上，集中优势资源，针对性采取行动。这样能以最低成本、最快速度达成目标。人职画像也是为了在海量市场信息中，匹配到职业目标，也同时在茫茫人海中锁定企业要找的候选人。

本章将人职画像拆分为三个部分进行教学，首先是个人的兴趣素质对应职业的素质要求；其次是个人的能力优势对应职业的能力需求；最后是个人的动力需求对应职业的薪酬激励。其中，个人的兴趣素质通过MBTI和霍兰德进行测评探索，再对应相应代码的职业进行比对适配；个人的能力优势通过能力管理清单进行自我探索，从而了解自身能力与企业能力需求的匹配程度，基于适配岗位制订自身学习提升方案；个人的动力需求通过动机排序明确自己看重什么，帮助个人确定未来努力的方向，动力需求是内心的评价尺度和标准，也是人们对待职业的态度和信念，企业的薪酬激励不止货币一种形式，非货币薪酬的创新价值福利成为流行，个人可以通过动机排序寻求与未来企业的职业需求融合。三个部分的内容整合为个人在职业选择上提供参考方向，在职场能力提升上降低时间和投资成本，在职业发展过程中降低择业风险。

学习笔记

教学实施表

实施环节			教师活动	学生活动	活动要点	建议时长
第1次课	课前	进行兴趣素质测试	熟悉霍兰德与MBTI代码 发布课前测	进行课前测试 观看课前准备视频 阅读课前资料，初步了解自我的职业兴趣与性格	引导学生了解自我兴趣与人格	课前时间
	课中	课前任务检测	设置检测任务 引入兴趣岛活动	完成课前测 了解活动规则	引导学生对自己的兴趣类型进行初判	25 min
		活动实施	兴趣岛活动实施 控制活动节奏 引导学生思考	兴趣岛活动参与 了解自身与身边人兴趣差异与个性差异，完成自省 同类型小组进行分享展示	通过活动帮助学生深入了解自己的兴趣与个性	40 min
		组队探讨	根据班级情况指导分组实施 设计小组分享框架	同类型小组讨论各自MBTI类型 分享兴趣和个性上的相同点与不同点	促进学生相互了解，增强对自我的认识	25 min
	课后	进行能力优势探索	布置能力优势探索任务 提示学生阅读课前资料，了解能力清单	进行能力优势探索 阅读课前资料 观看课前视频	引导学生了解自我能力优势	课后时间
第2次课	课前	第1次课课后				
	课中	课前任务检测	设置检测任务 引入赢家赛场活动	完成课前检测 了解活动规则	引导学生对自己的能力优势进行初判	25 min
		活动实施	赢家赛场活动实施 控制活动节奏 引导学生思考	赢家赛场活动参与 了解自身与身边人能力优势差异，完成自省 失败和成功小组进行分享	通过活动帮助学生深入了解能力优势的重要性	40 min
		组队探讨	根据班级情况指导分组实施 设计小组分享框架 点评活动中的观察	小组讨论各自赢家赛场活动的观察与反思 分享活动中的策略	促进学生相互了解，增强自我的能力意识	25 min
	课后	进行动力需求探索	布置动力需求探索任务 提示学生阅读课前资料，了解动力清单	进行动力需求探索 阅读动力需求课前资料 观看课前视频	引导学生了解自我动力需求	课后时间

实施环节			教师活动	学生活动	活动要点	建议时长
第3次课	课前	第2次课课后				
	课中	课前任务检测	设置检测任务 引入动力竞拍活动	完成课前测 了解活动规则	引导学生对自己的动力需求进行初判	25 min
		活动实施	动力竞拍活动实施 按需组队 控制活动节奏 引导学生思考	动力竞拍活动参与 了解自身与身边人动力需求差异，完成自省 各小组进行分享	通过活动帮助学生深入了解自身动力	40 min
		组队探讨	根据班级情况指导分组实施 设计小组分享框架 点评活动中的观察	小组讨论各自动力竞拍活动中的观察与反思 分享活动感受	促进学生相互了解，增强自我的价值感	25 min
	课后	回顾反思	汇总小结本章知识点并分享	从三个层面系统了解自身和身边人 结合自身的人才画像查询招聘网站匹配职业画像	固化收获指导行为	课后时间

学习笔记

课前资料

自我认识是职业生涯决策的基础，人才画像可以借助相应科学的测评理论和自查自省来完成，而职业画像以终为始地预测出所需工作岗位的个性、能力和所能提供的待遇，学生只需要用自己的人才画像去进行合理匹配就可以更如意地找到工作，而企业通过学生的人才画像也能节省原本冗余烦琐的选人成本。

第一次课前阅读资料

霍兰德职业兴趣测评（Self-Directed Search）是20世纪70年代初期编制的测评工具。虽已有年代，但他将大多数职业兴趣归纳为六个类型的底层逻辑，至今影响深远。霍兰德认为，个人职业兴趣特性与职业之间应有一种内在的对应关系。根据每个人兴趣的不同，可将人分为研究型（Investigative Type，简称I）、艺术型（Artistic Type，简称A）、社会型（Social Type，简称S）、企业型（Enterprising Type，简称E）、传统型（Conventional Type，简称C）、现实型（Realistic Type，简称R）六个维度，每个人都是这六个维度的不同程度组合。根据霍兰德兴趣理论，不同兴趣取向的人对最能满足他兴趣的职业有更高的热情。IASECR字母分别代表的意义如下：

- **研究型（I）**：喜欢通过研究和分析进行系统性有创造性的活动，好奇心强烈，思想通透，善于抽象推理，分析能力和逻辑思维能力强，个性独立专注，侧重研究科学技术或人文社科。典型的职业如科研工作者、学术研究专家、系统分析员、市场研究人员等。
- **艺术型（A）**：喜欢通过自由的方式进行艺术表现，追求审美，感情丰富，但缺乏事务性办事能力，直觉强烈，推陈出新。典型的职业如作家、摄影师、演员、设计师、播音与主持等。
- **社会型（S）**：喜欢与人打交道，愿意花更多时间与人交往，乐于助人，易于合作，重感情，比较有社会责任感，洞察力强。典型的职业如教师、导游、社会工作者、人力资源、心理咨询师、护士等。
- **管理型（E）**：喜欢冒风险且承担责任的活动，好发表意见和见解，具备优秀的主导性和说服能力，自信且精力旺盛，善于谋略。典型的职业如高管、创业者、销售、公关、演说家等。
- **常规型（C）**：喜欢严格按照固定的规则方法进行重复性的活动，遵循规则，自律顺从，缺乏想象力，回避创造性活动，擅长从事记录、整理、处理数据资料。典型的职业如财务人员、行政人员、秘书、法律咨询、档案管理员等。
- **现实型（R）**：喜欢与物品和技术打交道，不善于社交，缺乏洞察力，比较实际安定，需要进行明确具体按一定程序要求的技术技能型工作。典型的职业如建筑师、机械工程师、司机、电工、厨师等。

MBTI问卷

梅尔斯-布里格斯类型指标（Myers-Briggs Type Indicator，MBTI）是当今应用较广的人格量表。MBTI的得分代表了个体对自身性格类型的清楚程度，而并非是个性特征的表现强度，MBTI提供的人格类型描述没有好坏之分。心理学认为，“性格”是一种个体内部的行为倾向，它具有整体性、结构性、持久稳定性等特点，是每个人特有的，可以对个人外显的行为、态度提供统一的、内在的解释。MBTI把性格分为4个维度，每个维度上包含相互对立的两种偏好。其中，“外

MBTI问卷答题卡

向 E—内向 I”代表着各自不同的精力来源；“实感 S—抽象 N”代表在进行感知的用脑偏好；“理性 T—感性 F”代表在判断时不同的情绪偏好；“严谨 J—随意 P”代表在判断事务和生活方式上的态度。4 个维度上特定偏好的组合构成一种特定人格，譬如 ISTJ 代表“内向—实感—理性—严谨”型人格，ENFP 则代表“外向—抽象—感性—随意”型人格。由此可知，人格一共被分为 16 种类型，见表 3-1。

表 3-1 MBTI 人格类型

代码	名称	代码	名称	代码	名称	代码	名称
ISTJ	物流师人格	ISFJ	守卫者人格	INFJ	提倡者人格	INTJ	建筑师人格
ISTP	鉴赏家人格	ISFP	探险家人格	INFP	调停者人格	INTP	逻辑学家人格
ESTP	企业家人格	ESFP	表演者人格	ENFP	竞选者人格	ENTP	辩论家人格
ESTJ	总经理人格	ESFJ	执政官人格	ENFJ	主人公人格	ENTJ	指挥官人格

每一种人格类型都具有独特的行为表现和价值取向。了解人格类型是寻求个人发展进行人才画像的重要开端。

第二次课前阅读资料

能力解释清单：

- 计划、组织：确定不同阶段项目目标，制定日程计划并推进。
- 执行：根据制度、规定或计划采取准确的行动。
- 计算机技能：利用软件（如 WPS Office、Word、Excel、PowerPoint 等）推进、完成任务。
- 持续记录：通过日志流水账、比较或表格等方法保持信息的更新。
- 时间管理：确定任务的优先顺序，做好安排，保证任务及时完成。
- 适应变化：轻松且快速地适应工作任务与环境变化。
- 评测检查：对熟练程度、质量或有效性进行仔细检查。
- 校对编辑：检查书面材料中的词汇使用和题材是否正确，并改正。
- 写作：撰写报告、信件、文章、广告、故事或教材。
- 机械使用：装配、测试、修理和使用机械。
- 事务管理：协调事件，做好后勤安排。
- 销售：使客户确信产品或服务的价值，增加销售金额。
- 团队合作：易于与他人合作以实现共同目标。
- 客户服务：有效解决顾客提出的问题，应对顾客挑衅，最终使顾客满意。
- 临场应变：在无准备的情况下有效地思考、演说与行动。
- 表演与演说：为他人进行演唱、舞蹈、演奏等表演或在大众面前阐述观点和演讲。
- 询问：在交流中通过提问捕获关心的问题。
- 多语言：熟练使用英语或其他外语进行书面及口头交流。
- 情绪管理：善于管理自己的情绪，能运用恰当的方法宣泄情绪；善于倾听、接纳他人；可以控制愤怒，保持冷静；有适当的幽默感；懂得感激。
- 谈判协商：为保障权利的利益，通过谈判协商达成一致意见。

- 咨询：通过指导、建议或训练他人，促进其个人成长。
- 人际沟通：能有效、明确地表达及解读成员的信息，可以在集体中充当联络人的角色，并能处理冲突、化解矛盾。
- 创新：通过思考、构思、遐想、和头脑风暴的方法产生新的想法，获得新的结果。
- 美术设计：运用一定审美观念，表现手法及专业工具将某种构想和计划视觉化或形象化。
- 图像处理：用计算机对图像进行分析以达到所需结果的技术。
- 绘画摄影：素描、绘制地图和油画、拍摄照片等。
- 处理数字：使用计算、演算等方法解决数字、数量相关问题。
- 归纳总结：整合概念和信息，使不同的元素形成系统的整体。
- 分析：用合乎逻辑的方法分解和解决问题。
- 观察：按科学的方法探究、细察、监测数据、人或事。
- 概念化：从问题、现象中提炼出相关观点。
- 归类：为人、事、数据或资料分组、归类，使之成为系统。
- 资料收集：通过书面或互联网有效地收集、组织信息和数据，以获取关注的信息。
- 授权：通过将任务分配给其他人的方式取得有效成果。
- 领导力：激励他人、发挥影响力改变现状，运用领导力引导新的方向。
- 多任务管理：协调多个并发任务，使之被有效执行。
- 教导指点：通过教导并指点学生、员工、下级或客户，促进其领悟与成长。
- 预见：根据科学规律预先料到事物的变化结果。
- 直觉：运用洞察和远见能力。
- 展示与演示：对学生、员工或顾客进行说明、解释和指导。
- 处理模糊问题：轻松高效地处理缺乏清晰性、结构性和确定性的问题。
- 决策：对重大、复杂或常见问题作出决定。
- 监控推进：跟踪了解事态进展与发展趋势，加速生产或服务，寻找问题排除故障，使流程更加顺畅。
- 预算：制订更经济、更有效地使用金钱或其他资源的计划。
- 评估：对价值或成本进行评定或评价质量与可行性。

第三次课前阅读资料

动力是比喻使事业前进和发展的推动力。在未来决定了你对于国家、企业、家庭、团队的投入程度，这些动机进一步会影响你的决策。而个人和周围的各种环境未必总是完美匹配的，如果你的工作忽略了动力的满足，这种脱离可能会使你对工作失去兴趣，慢慢酝酿着不良的情绪，造成不好的局面；如果我们的动力需求和工作契合度很高，那么在达到个人目标的同时，还将成为满足职业与人才的双赢舞台。

当我们面临与职业和学业相关的诸多决策和取舍时，清楚自己的动力需求，会帮助自己做决策时更加坚定、准确。鱼与熊掌不可兼得，我们必须清楚“什么对我最重要”，最好的方式就是探索职业动机，以评估在当下环境中动力的重要性的排序，才能更好地聚焦目标，为之而努力。

动力解释清单：

- 助人利他：注重能够有机会帮助、支持他人。希望能帮助他人获得成长，为他人和社会的幸福与利益做贡献。
- 人际和谐：注重工作能够提供融洽的人际关系。希望工作中能与同事、领导相处愉快，能够与同事建立深厚友谊等。
- 成长发展：注重工作中的成长机会。希望工作中有较多学习机会（培养与培训等），发挥自身优势、发展新能力。
- 公平公正：注重组织氛围。希望所在组织规则制度的公平透明，没有过多的隐性规则，制度公平公正。
- 平衡生活：注重工作与生活的平衡。希望工作之余有较多时间和精力进行家庭活动、陪伴孩子，照顾老人。
- 收入待遇：注重工作所给予的较高的经济回报及福利待遇。希望能获得更丰厚的货币薪酬和价值福利。
- 开拓创新：注重发现新事物、研究新方法、设计新产品或产生新思想的工作。
- 兴趣满足：注重工作与个人兴趣的匹配。希望自己从事的工作和事业是自己喜欢的，能够享受工作过程。
- 安全稳定：注重工作的稳定性，希望在长期稳定的组织或职位上工作，不太可能失业，即使在经济下行的时期也有工作。
- 独立自主：注重工作能够以自己的方式去做，可以自主独立地完成工作，不受他人牵制。
- 他人认可：注重组织（上级和同事等）、家庭、社会对自身工作的认可。希望工作成绩能够得到同事认可，工作能够得到家人认同。
- 诚信友善：注重道德品质，讲文明懂礼貌，诚实守信、诚恳待人，与人和善友好，具有较高的道德标准。
- 敬业成就：注重在岗位上恪尽职守，有做好工作的成就感，重视成就给人民带来现实可见的结果，克己奉公。
- 环境与美：注重在宜人的环境中工作，能够待在优美的环境，制作美丽的物品并将美带给世界的职业。
- 多样变化：注重在同一份工作中有机会尝试不同种类的职能。

学习笔记

课前准备

主　题：兴趣探索

兴趣（Interest）是指个人对研究某种事物或从事某项活动积极的心理倾向性。是个人力求接近、探索某种事物和从事某种活动的态度和倾向，亦称“爱好”。兴趣是出于个人的强烈愿望建立和发展起来的

霍兰德与职业倾向测验量表

课前测：

1. 你的霍兰德前三位代码是什么？你怎样理解它和自己的关系？

2. 你的 MBTI 代码组合是什么？对照表格你是哪一类型人格？

课前思考：

1. 你的职业兴趣和你所学的专业相符吗？

2. 找到和你 MBTI 类型一样的同学，让他帮你签个名，找出你们个性中的相同点和不同点，并记录下来。

工作任务布置

<table>
<tr><td>学习情境</td><td colspan="2">人职画像（一）</td></tr>
<tr><td>工作任务</td><td colspan="2">兴趣岛</td></tr>
<tr><td>工作任务描述</td><td>通过“霍兰德”兴趣岛活动，进行兴趣探索，通过选择自己喜欢的岛屿，找出职业兴趣的倾向，从而帮助学生有意识地选择和规划自己的职业方向、学习方向，确定价值目标</td><td>兴趣岛屿说明图片</td></tr>
<tr><td>任务分解</td><td colspan="2">扫码看兴趣岛屿图片，想象你的余生要选择一个岛屿生存：
1. 不要考虑其他因素，仅凭自己的兴趣挑出你最想前往的岛屿；

2. 如果生活一段时间后可以选择转换岛屿生活，你会选择哪两个岛？

3. 你不愿意选择的是哪一个岛？

选择三个岛屿，把最想去的岛屿排在第一位。
依次写下来：1. ________ 2. ________ 3. ________。</td></tr>
</table>

注：此表中的工作任务描述、任务分解由学生扫码了解工作任务后由老师指导完成填写。

课堂学习记录

工作任务：兴趣岛

课堂笔记：

课后问题记录：

1. ______________________________

2. ______________________________

3. ______________________________

课前准备

主　题：能力优势探索

能力（Ability）是完成一项目标或者任务所体现出来的综合素质。人们在完成活动中表现出来的能力有所不同，能力是直接影响活动效率，并使活动顺利完成的个性心理特征

能力象限图文解读

课前测：

参考能力解释清单，并根据自身的能力高低和喜好填入相应能力。

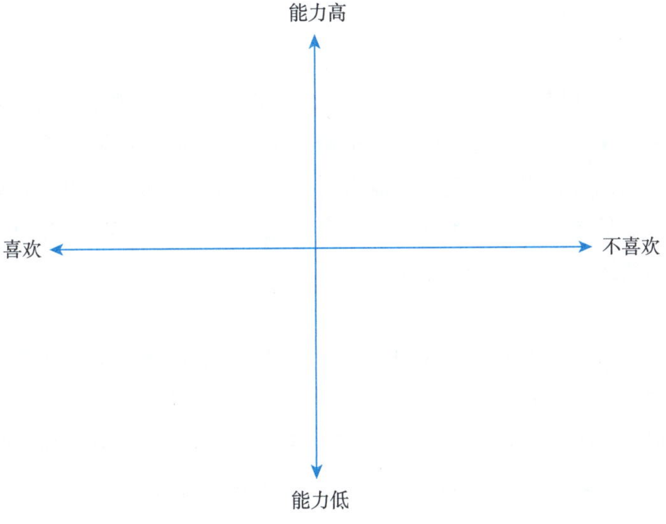

课前思考：

1. 你的优势有哪些？

____

____

____

2. 哪些能力在你的盲区？需要与身边的谁合作能达到互补？

____

____

____

工作任务布置

<table>
<tr><td>学习情境</td><td colspan="2">人职画像（二）</td></tr>
<tr><td>工作任务</td><td colspan="2">赢家赛场</td></tr>
<tr><td>工作任务描述</td><td>在未来职场中，我们需要发挥自己的天赋，提高核心竞争力，通过“赢家赛场”这个活动进行能力优势的探索体验，这是一个需要团队的活动，如果单打独斗很快就输了</td><td>活动中组合的大小规则</td></tr>
<tr><td>任务分解</td><td colspan="2">讲师提前准备好一副扑克牌，学员先扫码了解牌面大小规则。
【第一轮】每人从扑克中抽一张牌，讲师需要强调规则，告知学员只能看自己的牌，强调三遍，只能看自己是什么牌，相互之间不能交流其他人的牌。然后凭感觉和某人组成一个组合站在一起。没有完成组合的或者组合点数最小的要接受惩罚。讲师自行设计惩罚。
【第二轮】每个人抽完牌，不能看自己的牌，拿到牌之后牌面向外用一只手按在脑门上。每个人只能看到别人的牌，看不到自己的牌，彼此之间可以交流，但是不能告诉对方是什么牌，也不能说我们组合起来就是什么牌。然后进行组合。没有完成组合的或者组合点数最小的要接受惩罚。讲师自行设计惩罚。
【第三轮】每个人抽牌，可以看看自己抽的是什么牌，之后牌面向外用一只手按在脑门上。而且可以相互交流自己是什么牌，对方是什么牌，然后进行组合，没有完成组合的或者组合点数最小的要接受惩罚。讲师自行设计惩罚。
【分享点评】
（1）在三轮活动中要保证自己赢有没有什么技巧？
（2）这三轮活动中有什么规律和差别？
（3）活动像职场中的能力进化模式，开始碰运气，然后遇到贵人，最后知己知彼。
（4）思考在自我优势能力探索方面，走到哪一层次了？是还在碰运气？还是通过外界来评判自己？又或者已经进入知己知彼，百战百胜的境界了？</td></tr>
</table>

课堂学习记录

工作任务：赢家赛场

课堂笔记：

课后问题记录：

1. ____________________

____

2. ____________________

____

3. ____________________

____

课前准备

主　题：动力需求探索

动力（Motivation）引发人从事某种行为的力量和念头。是比喻使事业前进和发展的推动力。也是人做出认知判断决策的一种思维取向

生涯价值观决策平衡单

课前测：

1．参考十五个动力清单，选出其中八个，分别是什么？

2．如果只能选三个，你保留的最核心的动力是什么？为什么？

课前思考：

1．思考动力与价值观的关系。

2．需要践行和坚守社会主义核心价值观，你需要做些什么？

工作任务布置

<table>
<tr><td>学习情境</td><td colspan="2">人职画像（三）</td></tr>
<tr><td>工作任务</td><td colspan="2">动力竞拍</td></tr>
<tr><td>工作任务描述</td><td>一个人越清楚自己的动力，越了解自己在工作和生活中想要寻求什么、什么对自己来说是最重要的，他的生涯目标也就越清晰。通过“动力竞拍”活动，了解探索自己的驱动力有助于回答以下三个根本问题：
（1）我是谁?
（2）我适合做什么工作?
（3）我的生命有什么意义?</td><td>动力拍品</td></tr>
<tr><td>任务分解</td><td colspan="2">【竞拍前的思考】
（1）人生中最有动力的三件事是什么？
（2）你会付出多大努力去满足动机？
（3）你准备好付出了吗？
【竞拍规则】
（1）每人手中有 10 000 努力值，它代表了你这个人一生的时间、精力和资源！不借、不透支，它是你的全部身家。
（2）每个人可以根据自己对人生的理解买下所追求的东西。
（3）每个动力均需要付出努力，每次竞拍以 1 000 努力值为单位，付出最高者得。有相同付出时，快者先得。每个动力的最高付出努力值 3 次后无人追加付出则击槌成交。
（4）若一次出价 10 000 努力值，则立即成交。
（5）所有付出的努力值不能超过 10 000 努力值。
（6）直到所有动力拍完为止，无人竞拍动力即为流拍，流拍的动力不再重复竞拍。
（7）动力一经拍走，概不退换。（有些选择一旦做出，就无法回头了。）
（8）务必遵守纪律、保持竞拍会场安静。
（9）要严格按照活动规则进行，不然立即取消其参加资格！
（10）请大家慎重使用自己的努力值，因为人生中时间、精力有限。
【警示金语】认真思考自己的动力，会有相当一部分人最终一无所获！
最后，展示动力拍品并竞拍。活动结束后分享并讨论：为什么要竞拍手上的拍品？后悔自己拍到了什么，而没有拍到什么吗？是否有同学什么都没有拍到？为什么？竞拍时和竞拍之后你有什么感受？</td></tr>
</table>

课堂学习记录

工作任务：动力竞拍
课堂笔记：
课后问题记录： 1. ____________ ____________ 2. ____________ ____________ 3. ____________ ____________

学习小组活动记录表

<table>
<tr><td>讨论主题</td><td colspan="3"></td><td>日期</td><td></td></tr>
<tr><td>班级</td><td></td><td>组号</td><td></td><td>组长</td><td></td></tr>
<tr><td>组员</td><td colspan="5"></td></tr>
<tr><td>前期规划与安排</td><td colspan="5"></td></tr>
<tr><td>实施情况及呈现方式描述</td><td colspan="5"></td></tr>
<tr><td>实施后反思</td><td colspan="5"></td></tr>
<tr><td>改进方向</td><td colspan="5"></td></tr>
</table>

点亮“星星”——评分汇总表

<table>
<tr><td>讨论主题</td><td></td><td>日期</td><td></td></tr>
<tr><td>班级</td><td></td><td>组号</td><td></td></tr>
<tr><td colspan="4">星星事项</td></tr>
<tr><td>1</td><td colspan="2"></td><td>☆</td></tr>
<tr><td>2</td><td colspan="2"></td><td>☆</td></tr>
<tr><td>3</td><td colspan="2"></td><td>☆</td></tr>
<tr><td>4</td><td colspan="2"></td><td>☆</td></tr>
<tr><td>5</td><td colspan="2"></td><td>☆</td></tr>
<tr><td>6</td><td colspan="2"></td><td>☆</td></tr>
<tr><td>收获我来说</td><td colspan="3"></td></tr>
<tr><td>组员互评</td><td colspan="3"></td></tr>
<tr><td>教师点评</td><td colspan="3"></td></tr>
</table>

第四章　自我管理

周次：8~10 周　课时：6 课时

导　语

思想政治理论课是落实立德树人根本任务的关键课程。上好思政课，更可以提高自我管理能力。相对而言，大学环境较为宽松，大学生活更多的要靠自我管理、自我约束。可是，一旦在学习和生活中缺乏自律意识，放松了自我要求，就会导致学业荒废，虚度光阴。

人生是一个奋斗的过程，制定合理可行的学业规划不仅对在校学习和毕业择业十分重要，而且对一生的发展来说亦十分重要。通过思政课的学习，可以让大学生准确认识自我，将兴趣爱好和社会发展结合起来，制定明确的人生目标、现实可行的学业规划。只有管好自己、战胜自我，才能克服惰性、抵御诱惑，不断历练担当、奋斗精神，树立乐观向上的人生态度，顺利完成学业。

在本书中，我们将自我管理整合为内在的、外在的和过程性的三部分。即积极的心态与情绪管理、形象与礼仪、时间与精力管理。

第一，积极的心态与情绪管理。积极的心态可以让我们对事物做出更好的解释，更好的选择与行动。这样，我们每个人都具备了成功的基本要素，也就是经常说的“态度决定一切”。只有在这样的前提下，才能克服困难，找到更多的解决方案，而不是借口。反观消极与悲观者，都是害怕困难，从而产生畏难情绪，失去工作与生活的动力。当然，积极的心态也不只是空有想法和口号，还要通过我们的行动去诠释。遇到问题时，都能向积极的方向去思考，相信自己能够战胜困难，通过对本职工作、学习、生活的认真与负责，最后达成更好的结果。

关于情绪管理，就是基于积极心态上的正向表现。通常人们说的情商，也就是驾驭自己情绪的能力，无论顺境还是逆境，都能在与自己相处和人际关系方面表现得更为出色。有些人认为，情绪很难管理，这种看法是不太正确的，情绪不但可以管理，而且自主性会更高。古人所说的“修身齐家治国平天下”就包括了让自己更好地控制自己，让自己能更好地驾驭自己，再加上正确的信念和目标，才能更好地达成更高的目标。

第二，形象与礼仪。当我们能控制自己的心态以后，我们就需要更好的形象与行为表现，这样才能反映出一个人的心态、教养、素质，体现一个人的自我管理能力和文化修养，正所谓“内化于心，外化于形”。这里又包括仪容、仪表、仪态，还有与他人相处的必要礼仪等知识和能力。

这些知识与能力，并不是通过语言与思考传递给他人的，更是在行为中通过一系列细节不知不觉地体现出来，这些潜在的细节都会影响人际活动的过程与最终结果。在现在的社会交往中，只有有效地运用良好的行为礼仪规范，才能给他人留下深刻与良好的印象，从而影响对自己、对组织的尊重与信任，最终取得更好的业绩。

第三，时间与精力管理。在拥有良好的心态与外在形象以后，时间与精力管理就更为重要。

我们是不是把人生最宝贵的时间和精力用在适合的地方？随着年龄的增长、工作与家庭的压力都会与日俱增，如果不恰当地使用时间，不正确地分配精力，就会出现工作效率降低，生活质量下降等现象，甚至恶性循环。

时间是这世界上最公平、最宝贵，也是不可逆转的资源，不管是世界首富，还是芸芸众生，一天都是 24 小时，谁也改变不了。只有安排得当，才能更好地使用时间，然后通过精力管理，让每个时间段更高效地得到收益与产出。只有时间管理与精力管理相辅相成，才能提升效率与效能。

学习笔记

教学实施表

实施环节			教师活动	学生活动	活动要点	建议时长
第1次课	课前	“自我管理”认知导入	准备自我管理相关视频、文字资料 发布课前任务	阅读课前准备资料 观看课前准备视频 观看《中国女足时隔16年再登亚洲巅峰》	引导学生认知“自我管理”的重要性	20 min
	课中	课前任务检测	设置检测任务 引入讨论主题	完成课前测 讨论思考题	引导学生领会自我管理要点	25 min
		情境导入	讲好身边同学就业故事 抛出工作任务，讨论任务解决重点	思考工作任务中需解决的具体问题？ 讨论工作任务中解决问题的途径？	通过对自我管理认知，尝试解决具体问题	20 min
		组队探讨	设置分组标准 根据班级情况指导分组实施 设计小组分享框架	按分组标准组队 讨论分享框架及组内分工情况、前期准备与安排	设想每个自我管理在小组中的作用	25 min
	课后	制作分享素材	指导、处理分享视频、PPT制作过程中的问题	按分工制作分享素材，做好过程记录	体会小组成员在分组中的重要性	课后时间
		分享演练	指导演练过程中的问题	帮助分享同学多次演练	发挥每个自我管理在小组中的作用，体会自我管理的实际应用	课后时间
第2次课	课前	第1次课课后				
	课中	情境回顾	梳理上节课内容 分享各组分享素材制作过程中的趣事	课中	情境回顾	10 min
		分享讨论	组织小组分享 控制小组分享节奏	小组分享 做课堂笔记	分享讨论	60 min
		总结点睛	总结点评，点亮“星星” 引出什么是自我管理	讨论收获 实施自评、互评 设想步入职场，自我管理怎么体现？	总结点睛	10 min
	课后	回顾反思	分享礼仪相关的素材及自己身边的小故事	课后	回顾反思	课后时间

实施环节			教师活动	学生活动	活动要点	建议时长
第3次课	课前	第2次课课后				
	课中	情境回顾	梳理上节课内容 分享各组分享素材制作过程中的趣事	回顾对自我管理认知的组成部分 观看《精力管理》资料，作者：洛尔	引入主题	20 min
		分享讨论	组织小组分享 控制小组分享节奏	小组分享 做课堂笔记	分享解决办法，阐述观点	40 min
		总结点睛	总结点评，点亮“星星” 引出什么是自我管理	讨论收获 实施自评、互评 设想步入职场，自我管理怎么体现	总结梳理 收获素养	20 min
	课后	回顾反思	分享礼仪相关的素材及自己身边的小故事	研讨与分享内容	固化收获 指导行为	课后时间

学习笔记

课前资料

中国女足时隔 16 年再登亚洲巅峰！

2022 年 2 月 6 日晚，中国女足在印度孟买夺得亚洲杯冠军，时隔 16 年再登亚洲巅峰！姑娘们用行动诠释“积极的心态与情绪管理”的重要性，即使在上半场 0 ：2 落后下半场第 68 ～ 72 分钟连进两球追平，最后以 3 ：2 逆转夺冠，逆境绝发！

相信自己的冲劲。小将张琳艳在决赛中先是帮助中国队创造点球，随后又利用头球帮助中国队打进扳平一球，在绝杀一球中张琳艳也参与其中，最终帮助中国女子足球队第 9 次夺得亚洲杯冠军！赛后，张琳艳手持五星红旗，眼含热泪地说：“上半场落后两球，下半场我们就想着攻，肯定能打回来，结果也如我们所料，绝杀她们了！去年我们经历了很多事，现在我们是一支全新的队伍，来这里的目标就是夺冠，我们有这个信心。”

现任中国国家女子足球队主教练水庆霞，在球员时代曾代表中国女足多次摘得亚洲杯桂冠，谈到有什么宝贵经验可以与队员们分享，她说：“要有坚定的信念，要更自信，要勇于展现自己。”

2 月 3 日晚，在女足亚洲杯半决赛中，中国女足姑娘们在两次落后的情况下，两次顽强地将比分扳平。120 分钟内与日本队战成 2 ：2，经过点球大战，以总比分 6 ：5 战胜对手，进入决赛。女足姑娘们靠着顽强拼搏的韧劲，咬牙拼进决赛，最终夺得亚洲杯冠军。

历史上中国女足真正的“铿锵时代”只持续了短短三年，自 1996 年亚特兰大奥运会和 1999 年美国世界杯两次惜败东道主获得亚军后，中国女足国际大赛战绩便一路下滑，中国女足正是在这样的困境中跌跌撞撞走过 20 年，今日的成绩来之不易，姑娘们的那股劲儿，就是女足精神最好的体现。团队合作的拼劲从东京奥运会时的疑云密布、一盘散沙，到女足亚洲杯上的团结一致、坚韧不拔，就像队长王珊珊所说：“这是中国女足一个新的开始。”

事实证明，只要把真心实意投入足球，只要找到了正确的方向，一支球队就能真正有了魂。“我和队友们未来肯定还会经历很多起伏，但我们给全世界展示了我们有多么团结，我们也会继续展示中国女足的精神。”这是女足队长王珊珊的赛后感言。

2 月 5 日举行的赛前发布会上，主教练水庆霞表示，目前心态很平静，“队伍正在从心理上和生理上进行调整，做好各种各样困难的准备，备战决赛。”在此前对阵日本女足的半决赛中，中国女足在 120 分钟里两度扳平比分，并在点球大战中战胜对手。

参加赛前发布会的中国女足队长王珊珊表示，上一场比赛确实消耗很大，但目前正积极调整，准备与韩国的比赛。决赛前有记者问到水庆霞，在近期的国际比赛中，中国女足还没有负于过韩国女足，会不会在心理上占据优势，水庆霞回应，不会太在意过去的表现，“因为足球比赛有很多变化，最重要的是我们自己的心态，特别是面对困境时的心态。”

潘玲：让礼仪融入每个人的生活

历届中国 - 东盟博览会上礼宾人员的灿烂笑脸、2019 年苏迪曼杯羽毛球混合团体锦标赛上引导人员的挺拔身影，这些难忘的场景，都与一个人有关，她叫潘玲，资深礼仪培训专家。潘玲认为，礼仪体现了仪式感，是生活细节的展示，更是对周围人的尊重，也是对文化的传承。作为广西礼仪文化交流协会会长、全国专业人才教育专家委员会礼仪委员，多年来，潘玲的名字与礼仪二字密不可分。

潘玲原来在广西青年干部学院任教。1993 年，学院要开设一门礼仪课，希望她能承担授课任务。接下这个任务后，潘玲才发现，这不是件容易的事：当时，这门课程属新鲜事物，不仅没有现成的教材，连完整的资料都不容易找。在没有任何经验可以借鉴的情况下，潘玲和同事们全靠翻阅国内外典籍，硬是把这门课开了起来，而且颇受学生欢迎，潘玲从此踏上礼仪之路。

2003 年，广西举办首届文明礼仪大赛，潘玲主持推出一系列礼仪规范动作。这些动作成为许多行业日常服务的标准，并被多项礼仪比赛沿用。

从 2004 年开始，中国 - 东盟博览会永久落户南宁，相关礼仪人员的培训任务，由潘玲负责。

后来，潘玲成为历届中国 - 东盟礼仪形象大使选拔大赛总策划，历届中国 - 东盟博览会开幕式礼仪指导，2010 年上海世界博览会、2010 年广州亚运会、2014 年全国体操锦标赛暨第四十五届世界体操锦标赛测试赛、2019 年苏迪曼杯赛等重大活动的特聘礼仪专家。

作为中国 - 东盟礼仪大赛组委会执行主席，说起这一赛事，潘玲充满了自豪感："每年一度的中国 - 东盟博览会，让全世界的目光都关注南宁，礼仪是我们给世界留下的第一印象。十几年来，依托中国 - 东盟博览会成长起来的礼仪大赛，不仅是在持续传承和弘扬优秀文化，让中国与东盟国家可以通过礼仪交融，实现文化对话，还让更多人看到了礼仪之美，从而见贤思齐，转化为自身的行动。也就是说，礼仪大赛已经从传承和弘扬礼仪的平台，升级为打造城市文明礼仪的'神器'，成了展示城市文明素质提升的专业平台，让更多南宁人尚礼、学礼、懂礼、用礼。"

说到礼仪，有些人认为这很简单："不就是微笑、鞠躬吗？"也有人认为，这太难了："得长时间挺胸收腹，撑不住。"在潘玲看来，礼仪是对中国文化的传承。"礼者，敬人也；仪，仪式。礼仪两个字，从一开始就是恭敬的意思，而且恭敬要发自心底，这得从细节做起，要有仪式感。"采访中，潘玲一直在说，礼仪的推广不仅是培训礼仪小姐、礼宾人员，更应该是面向各阶层推广礼仪文化，让更多的人从衣食住行、坐立行走等生活细节中，感受到中国礼仪文化的内涵，学礼守礼。

这些年来，潘玲一直致力于礼仪文化的研究、推广和传播。她主导的公关礼仪、职业礼仪、政务礼仪、商务礼仪、服务礼仪、社交礼仪、医护礼仪、客户服务与技巧、柜台服务与销售技巧、仪态训练等课程，已经成为窗口行业的必修秘籍。潘玲为广西高速公路管理局打造的"八颗牙齿"文明礼仪微笑服务，使这个服务窗口成为全国知名品牌。

学习笔记

课前准备

主　题：自我管理的重要性及组成部分

自我管理（self-management）：

指个体对自己本身，对自己的目标、思想、心理和行为等表现进行的管理，自己把自己组织起来，自己管理自己，自己约束自己，自己激励自己，自己管理自己的事务，最终实现自我奋斗目标的一个过程。

自我管理又称自我控制。是指利用个人内在力量改变行为的策略，普遍运用在减少不良行为与增加好的行为的出现。

自我管理注重的是一个人的自我教导及约束的力量，亦即行为的制约是通过内控的力量（自己），而非传统的外控力量（教师、家长）

课前测：

1. 中国女足夺得亚洲杯冠军时遇到了哪些困难？她们是如何克服困难并取得冠军的？

____

____

2. 2022 年女足亚洲杯决赛在（　　）举行？

A．日本东京　　B．俄罗斯喀山　　C．印度孟买　　D．德国柏林

3. 下面对于 2022 年女足亚洲杯决赛描述正确的是（　　）。

A．时任中国国家女子足球队主教练水庆霞

B．上半场 0 ： 2 落后下半场第 68 ～ 72 分钟连进两球追平，最后以 3 ： 2 逆转夺冠

C．自 1996 年亚特兰大奥运会和 1999 年美国世界杯两次惜败东道主获得亚军后，中国女足国际大赛战绩便一路下滑

D．女足姑娘们靠着顽强拼搏的韧劲，咬牙拼进决赛，最终夺得亚洲杯冠军

课前思考：

1. 关于中国女足，哪些细节内容触动了你？

____

____

____

____

2. 案例给你带来了哪些思考？通过启发，你将会怎么做？

____

____

____

____

工作任务布置

<table>
<tr><td>学习情境</td><td>自我管理（1）礼仪实训</td></tr>
<tr><td>工作任务</td><td>完成相应的礼仪实训，在过程中给予指导，达到商务礼仪要求</td></tr>
<tr><td>工作任务描述</td><td>一、实训目的
运用所学知识，分小组自编、自导、自演礼仪知识情景剧，以巩固所学的知识，并提高学生的兴趣及检验教学成果。
二、实训内容
自编、自导、自演情景剧。内容包括握手、介绍、递送名片、服饰、站姿、坐姿、走姿、语言、乘车、坐电梯礼仪等。
三、实训要求
1. 以组为单位，如需要可另请同学客串，但客串同学不记分。
2. 自己设定一个情景，内容包括介绍、握手、递送名片、站姿、坐姿、走姿、服饰、打扮、语言礼仪等内容。少一项扣 10 分。
3. 出场后先由同学介绍剧情、人物。
4. 项目评分后结束</td></tr>
<tr><td>任务分解</td><td>实训一：仪容仪表整体训练
（1）站姿；（2）坐姿；（3）行姿；（4）蹲姿；（5）手势；（6）表情；（7）着装；（8）电话；（9）乘车；（10）电梯。
实训二：商务礼仪综合情景模拟训练
1. 自己对着镜子根据《商务礼仪》课程内容，进行个人仪容仪表整理。第一轮由实训小组内的成员互相评议打分。
2. 由其他小组成员挑选本组任一成员参加小组仪容仪表展示比赛，请其他小组的成员评议打分，除本组外，每组反馈一张评分表，计平均分为最终得分。
3. 完成实训与反馈，并填写《仪容仪表评分表（Ver1.0）》，再请本组及其他小组评分。
4. 学生自我评价，教师总结点评学生存在的个性与共性问题。
5. 用摄像机等记录学生考核过程，回放考核过程。
6. 完成“仪容仪表”展示比赛，提交比赛照片及比赛结果。相关照片、资料可加入文化宣传栏进行展示</td></tr>
</table>

注：此表中的工作任务描述、任务分解由学生扫码了解工作任务后由老师指导完成填写。

工作任务布置

<table>
<tr><td>学习情境</td><td colspan="2">自我管理（2）时间管理</td></tr>
<tr><td>工作任务</td><td colspan="2">撰写《×××小组时间管理实训呈现、总结 PPT》，格式自拟</td></tr>
<tr><td>工作任务描述</td><td>名称：《时间管理实训任务书》
1. 翻译一段英文小故事，需手写完成，内容用于活动完成后的分享。
2. 在校园内指定的 4 个地方完成小组合影，校门、主楼、食堂、操场。
3. 整理一副扑克牌的顺序（讲师提前在合影地点放置扑克牌）。
4. 本活动中的所有步骤及照片制作成 PPT，并且需要有音乐伴奏。
5. 收集本班（非本组）任意学员的 20 个签名。
6. 每个组员折 20 个标准纸鹤，并在纸上写上自己的姓名和职业目标（组员亲手折叠，否则按未完成任务处理，可在交付时检验）。
7. 协助其他小组顺利完成任务</td><td>时间管理实训任务书</td></tr>
<tr><td>任务分解</td><td colspan="2">活动拆解：
1. 讲师先说明活动过程，不说明任务内容，提醒学员进行分工，高效高速高质量地完成任务书中的任务。
2. 下发任务书，请各组自行仔细阅读任务书，明确任务的目的与内容，并在最短的时间内组织、实施。
3. 任务开始后，讲师记录开始时间。
4. 任务过程中，讲师不再进行指导、示错。
5. 小组任务完成后，讲师检查各组完成的交付是否完整，如不完整，无须说明，只需要让学员再次自行检查交付结果。
6. 所有组都完成后，提交呈现 PPT，讲师汇总</td></tr>
</table>

注：此表中的工作任务描述、任务分解由学生扫码了解工作任务后由老师指导完成填写。

课堂学习记录

工作任务：自我管理系列学习总结

课堂笔记：

课后问题记录：

1. ____________________

2. ____________________

3. ____________________

学习小组活动记录表

<table>
<tr><td>讨论主题</td><td colspan="3"></td><td>日期</td><td></td></tr>
<tr><td>班级</td><td></td><td>组号</td><td></td><td>组长</td><td></td></tr>
<tr><td>组员</td><td colspan="5"></td></tr>
<tr><td>前期规划与安排</td><td colspan="5"></td></tr>
<tr><td>实施情况及呈现方式描述</td><td colspan="5"></td></tr>
<tr><td>实施后反思</td><td colspan="5"></td></tr>
<tr><td>改进方向</td><td colspan="5"></td></tr>
</table>

点亮“星星”——评分汇总表

<table>
<tr><td>讨论主题</td><td></td><td>日期</td><td></td></tr>
<tr><td>班级</td><td></td><td>组号</td><td></td></tr>
<tr><td colspan="4">星星事项</td></tr>
<tr><td>1</td><td colspan="2"></td><td>☆</td></tr>
<tr><td>2</td><td colspan="2"></td><td>☆</td></tr>
<tr><td>3</td><td colspan="2"></td><td>☆</td></tr>
<tr><td>4</td><td colspan="2"></td><td>☆</td></tr>
<tr><td>5</td><td colspan="2"></td><td>☆</td></tr>
<tr><td>6</td><td colspan="2"></td><td>☆</td></tr>
<tr><td>收获我来说</td><td colspan="3"></td></tr>
<tr><td>组员互评</td><td colspan="3"></td></tr>
<tr><td>教师点评</td><td colspan="3"></td></tr>
</table>

第五章　人际关系管理

周次：11 周　课时：2 课时

导　语

在当今社会中，随着城市化进程的加速，传统基于村镇地缘封闭的熟人社会正逐步消失，在任何一个城市中，对于个人而言，绝大多数在同一城市的居民都是一辈子不会有交集的陌生人。目前，市面上存在的社交软件，如 QQ、微信等，虽然能很好地降低人们的沟通成本，增强了人与人之间沟通的时效性和便利性，却无法协助人们做出真正的社交决策，这意味着，分析人际关系并进行管理变得尤为重要。人际关系的选择、朋友圈的构建、关系维持的精力花费需要变成可以选择和努力的一种投资成果，而不是无法改变的事实。我们会发现，大多数社会精英除了自身的实力和努力以外，都具备一种非凡的人际关系管理能力。由于每个人的时间和精力有限，能够同时往来的人际数量也是有限的，本章帮助学习者理解人际关系的理论是以人与人、人与组织的关系为指向，通过对事实与感情的区分，培养人们理解、倾听、交往与合作方面的技能。从而达到集体团结与组织和谐的目的。

人际关系的管理是一种建立人际网络的思维方式，人的一生中，主要有四种必要的人际关系需要管理：第一种是亲子关系，这是最重要的人际关系，需要用心维护，当然也需要分清交往的边界，彼此在提供强大的物质和情感支持的前提下，不能有太多利益冲突；第二种是朋友关系，三两知己和同学朋友都属于这层关系，这是可以自主选择的一种人际关系，一般来说，这种关系有近似的兴趣和价值观；第三种是工作关系，同事、领导和客户都属于这一层，获得上司的赏识、赢得同事的支持是职业生涯发展的关键因素；第四种是伴侣，学会与异性相处，寻觅共度漫长岁月的另一半是人生非常重要的一课。所有关系都有可能成为自己的社会资本，创造更多的运气和机会。每个人的朋友圈看上去是天然的，出生、经历、偶然让很多人都觉得人际网络很难改变，但实则不然。我们所处的社会环境天然需要人际关系，怎么将人际关系编织成网、不断升级才是关键。

本章就人际关系管理展开教学，在未来职场中，人际关系是重要的社会资源，除了正式的亲子关系、工作关系以外，我们还可以自愿结成哪些基于信任、喜欢和相互依赖的关系？这些关系又如何管理？如何创造价值？在接下在的课程中，我们需要盘点自己的人际关系，找出可以持续增值的人际关系，在有限的精力和时间里，珍惜和有意识地巩固交情，最大化自己的社交效率，打造终生友谊，让人际关系价值帮助你形成新职业生涯格局。

学习笔记

教学实施表

实施环节			教师活动	学生活动	活动要点	建议时长
共1次课	课前	如何打造高质量的人际关系	准备人际管理相关的视频、文字资料 发布课前任务	阅读课前准备资料 上网观看人际关系相关视频	引导学生认知人际关系的重要性	课前时间
	课中	课前任务检测	设置检测任务 引入讨论主题	完成课前测 讨论思考题	引导学生领会人际关系的打造方法	25 min
		情境导入	讲好人际关系助力成功的故事 抛出工作任务，讨论任务解决重点	思考工作任务中需解决的具体问题 讨论工作任务中解决问题的途径	通过对人际关系的认知，尝试解决具体问题	35 min
		头脑风暴关系维护的方式	设置分组标准 根据班级情况指导分组实施 设计小组分享框架	按分组标准组队 讨论分享框架及组内分工情况、前期准备与安排	讨论不同关系的维护方式	30 min
	课后	人际关系盘点	指导在盘点中遇到的问题	填写人际关系梳理表 尝试了解身边人与人、人与事之间的关系	收获新知 内化行动	课后时间

课前资料

人际管理指南

人际交往观能够体现一个人的作风与修养，也是工作能力职业素养的“试金石”。该如何正确地进行人际管理？

1．理想的朋友圈就像一个导师一样

导师一般可以提供两种支持，一种是工具性支持，能提供人们在人际交往中的相关理念、建议和协助；另一种是社会心理支持，能在情绪和行动上给予帮助与支持。人际管理的基础就是找到可以提供这两种支持的人，与之成为朋友。

2．建立多元化人际管理体系

这里需要强调两个概念，一种是“弱连接”，另一种是“强连接”，弱连接的关系能够让人们和不同部门、不同组织、不同行业甚至不同国家的人接触。这种联系之所以特别有价值，是因为这样的连接方式能帮助人们提供新鲜的信息与不同的思路；与之相反， 强连接，如同事、邻居、家人、好友的经验、见解和机遇，往往大同小异，正可谓“物以类聚，人与群分”。

3．梳理已有的人际朋友圈

看看自己的朋友圈是不是能够提供良好的工具性支持和社会心理支持。如果缺乏工具性支持，意味着很难在事业上有所进益，如果得不到社会心理支持，那生活和工作的压力都难以减轻。

4．什么样的朋友可以提供工具性支持

一个深耕于同一行业，能够客观讨论个人发展和事业发展的人，也许能帮助和影响一些重要的决策，抑或可以推进正在进行的工作项目执行，还会与之分享行业发展的趋势与见解。找到这样的朋友可以先在所处行业中联系那些能够让人们增长见闻、帮助人们提高影响力的人。还可以找到一个线上或线下群体，然后加入他们的行列。

5．什么样的朋友可以提供社会心理支持

某一方面和自己相似的朋友属于这一类型，如家庭状况相似的人、共同经历了多个人生阶段的人、没有太多利益关系的人。在日常生活中，压力是一个很现实的问题，能对身心健康产生不良后果。一旦有了社会心理支持，压力就会缓解一些。

6．在朋友圈中进行价值交换

建立人际关系，不只是拥有一个朋友圈那么简单。许多人交友无数，却不曾在自己的朋友圈中进行价值交换，错失了很多机遇与口碑。因此，一定要让大家知道自己对什么事物感兴趣；当有所需求时，要懂得开口发问。总之，礼尚往来的人际朋友圈才更紧密。

在中国企业的文化基因中，“以人为本”也是中国企业文化的重要组成部分，是浸入到各个企业基因中的主体文化。既然核心是人，那么就自然离不开人际关系。人际交往是一个人最基本的社会实践活动。在一个彼此互相联系的世界里，朋友圈比以往更加重要了，我们要建立正确的人际管理方式，做一个既重情义又重公义，既有温度又有尺度的人。

课前准备

主　题： 人际关系管理

人际关系（Interpersonal Relationships）指人与人之间，在一段过程中，彼此借由思想、感情、行为所表现的吸引、合作、竞争、领导、服从等互动之关系，广义地说亦包含文化制度模式与社会关系。主要表现为人们心理上的距离远近、个人对他人的心理倾向及相应行为等

人际关系
小故事

课前测：

1．一个理想的人际朋友圈可以提供什么支持？

____

____

2．多选题：人际交往有哪几个阶段？（　　）

A．定向阶段　　B．感情探索阶段

C．感情交流阶段　　D．稳定交往阶段

3．人际交往的两个原则是什么？

____

____

____

____

____

____

课前思考：

1．在你身边谁是你认为最会人际关系管理的人？说说他的特点。

____

____

____

____

2．在日常生活中，你是怎么进行人际交往的？

____

____

____

____

工作任务布置

<table>
<tr><td>学习情境</td><td colspan="2">人际关系管理</td></tr>
<tr><td>工作任务</td><td colspan="2">征友启事</td></tr>
<tr><td>工作任务描述</td><td>通过“征友启事”活动学会择友，在班级内发现更多的朋友资源。反省自身与交友有关的言行表现</td><td>征友启事
思考题</td></tr>
<tr><td>任务分解</td><td colspan="2">【活动准备】助教 1 名，笔 1 支 / 人，A4 纸 1 张 / 人，眼罩 1 个 / 人
【活动流程】
1. 书写征友启事：全体学生在一个大空间内分散坐下，彼此之间保持一定间隔。助教为每人发 1 张纸 1 支笔。讲师公布启事内容，要求如下：写对方的特征，不写姓名；写对方应具备的条件，不写自己的特征也不署名；写对方的心理行为特征，不写性别或生理特征；根据内心真实交友需求，写出最核心的，最在乎的那几条关键特征；特征要写具体不能写宽泛，比如：不要写愿意与我交往的或能对我好的。
2. 学员按要求写好征友启事后发布：助教为每人发放一个眼罩。学员戴好眼罩，将启事放在左手中。讲师依次从每个学生手中拿过其纸片来宣读，代其发布征友启事，但尽一切可能让本人以外的所有人不要猜到读的是谁的。被老师从手中取走启事者即可摘掉眼罩悄悄站起来，其他同学认真倾听公布的征友启事，不必去猜是谁写的，根据听到的征友条件在内心对照审核自己的言行表现，如果基本符合则举起右手。待大家举手时，启事本人留意大约有多少人符合自己的征友条件。等老师替自己将启事发布完毕后，走到每一位举手同学面前与其握手，然后戴好眼罩悄悄坐下来，开始下一轮，一直到启事发布完毕，活动结束后扫码参与思考题讨论</td></tr>
</table>

课堂学习记录

工作任务：征友启事

课堂笔记：

课后问题记录：

1. ______________________________

2. ______________________________

3. ______________________________

学习小组活动记录表

<table>
<tr><td>讨论主题</td><td colspan="3"></td><td>日期</td><td></td></tr>
<tr><td>班级</td><td></td><td>组号</td><td></td><td>组长</td><td></td></tr>
<tr><td>组员</td><td colspan="5"></td></tr>
<tr><td>前期规划与安排</td><td colspan="5"></td></tr>
<tr><td>实施情况及呈现方式描述</td><td colspan="5"></td></tr>
<tr><td>实施后反思</td><td colspan="5"></td></tr>
<tr><td>改进方向</td><td colspan="5"></td></tr>
</table>

点亮“星星”——评分汇总表

讨论主题		日期	
班级		组号	
星星事项			
1			☆
2			☆
3			☆
4			☆
5			☆
6			☆
收获我来说			
组员互评			
教师点评			

第六章　沟通表达

周次：12~14 周　课时：6 课时

导　语

什么是沟通？我们日常的所有对话是不是都叫沟通呢？显然不是，这里的沟通是指：为了设定的目标，把信息、思想、情感，在个人或群体间相互传递，并达成共识的过程。因此，一个人能否与他人有效地进行沟通，除了信息与思想，还要包括对情感表达的能力，沟通不到位或者表达过度都是需要改善的。

未来的社会，人们面临的不只是人与人的竞争，甚至还要与人工智能竞争。在短期内看，人工智能还无法掌握人类的情感与沟通能力，所以这更是我们要重点培养的能力。马克思指出：“人是一切社会关系的总和。”同时，“一个人的发展取决于和他直接或间接进行交往的其他一切人的发展。”沟通能力不仅是现在，更是未来一个人生存与发展的必要条件。

在本课程内，我们把沟通能力细化成了倾听、表达能力，并且通过分步训练完成基本表达、进阶训练及企业化训练的过程。

第一，看、听、问、说、肢体语言等，都是沟通的重要方法，也是能力，更是美德。工作中四大能力“听，说，读，写”都可以应用在很多工作场景中。学生的倾听、肢体与语言，都需要从心态、方法和技巧上详细培养。

第二，结构表达，自我介绍。培养学生正确的沟通心态及沟通意愿：善于沟通的人，更容易学习到东西，更容易被别人所接纳。

自我介绍，是人与人初次见面的重要环节，决定了一个人的第一印象，无论在求职、工作，日常生活中都是必不可少的方法。在此，打好自我介绍的基础，加以未来的灵活运用，在人际交往中可以起到事半功倍的效果。

第三，演讲辩论，高台演讲与辩论赛。通过沟通实训中给学生的理念，即“超常准备，正常发挥”，而不是原来大多数学生的理念“正常准备，超常发挥”，只有在这样的理念下进行训练，学生才能掌握得更好。

第四，职场述职，专业化表达。工作中交流的效率直接决定了工作效率，所以应该练习专业化表达。比如常用的大纲结构，就是把碎片化的信息进行整合，通过大纲结构，用线性的语言表达出来。

在专业化表达的前提下，学生作为未来的职业人，更要学会专业化表达，养成清晰表达工作内容的习惯。

教学实施表

实施环节			教师活动	学生活动	活动要点	建议时长
第1次课	课前	“沟通表达”认知导入	准备沟通表达类相关的视频、文字资料 发布课前任务	阅读课前准备资料 观看课前准备视频	引导学生认知“沟通表达”的重要性	课前时间
	课中	课前任务检测	设置检测任务 引入讨论主题	完成课前测 讨论思考题	引导学生领会沟通表达要点	25 min
		情境导入	沟通相关的小故事 抛出练习任务，讨论任务解决重点	思考工作任务中需解决的具体问题 讨论工作任务中解决问题的途径	通过对沟通表达认知，尝试解决具体问题	20 min
		组队探讨	设置分组标准 根据班级情况指导分组实施 设计小组分享框架	按分组标准组队 讨论分享框架及组内分工情况、前期准备与安排	设想每个沟通表达在小组中的作用	25 min
	课后	制作分享素材	指导、处理分享视频、PPT制作过程中的问题	按分工制作分享素材，做好过程记录	体会小组成员在分组中的重要性	课后时间
		分享演练	指导演练过程中的问题	帮助分享同学多次演练	发挥每次沟通表达在小组中的作用，体会沟通表达的实际应用	
第2次课	课前	第1次课课后				
	课中	情境回顾	梳理上节课内容 分享各组分享素材制作过程中趣事	课中	情境回顾	10 min
		分享讨论	组织小组分享 控制小组分享节奏	小组分享 做课堂笔记	分享讨论	60 min
		总结点睛	总结点评，点亮“星星” 引出什么是沟通表达	讨论收获 实施自评、互评 设想步入职场，沟通表达怎么体现	总结点睛	10 min
	课后	回顾反思	分享礼仪相关的素材及自己身边的小故事	课后	回顾反思	课后时间

<table>
<tr><th colspan="3">实施环节</th><th>教师活动</th><th>学生活动</th><th>活动要点</th><th>建议时长</th></tr>
<tr><td rowspan="5">第3次课</td><td>课前</td><td colspan="5">第 2 次课课后</td></tr>
<tr><td rowspan="3">课中</td><td>情境回顾</td><td>梳理上节课内容
分享各组分享素材制作过程中的趣事</td><td>课中</td><td>情境回顾</td><td>20 min</td></tr>
<tr><td>分享讨论</td><td>组织小组分享
控制小组分享节奏</td><td>小组分享
做课堂笔记</td><td>分享讨论</td><td>40 min</td></tr>
<tr><td>总结点睛</td><td>总结点评，点亮“星星”
引出什么是沟通表达</td><td>讨论收获
实施自评、互评
设想步入职场，沟通表达怎么体现</td><td>总结点睛</td><td>20 min</td></tr>
<tr><td>课后</td><td>回顾反思</td><td>分享礼仪相关的素材及自己身边的小故事</td><td>课后</td><td>回顾反思</td><td>课后时间</td></tr>
</table>

学习笔记

课前资料

1．鱼头和鱼尾的故事

一对夫妻在一起生活了一辈子，相濡以沫。丈夫和妻子都爱吃鱼，每次吃鱼，丈夫都把鱼头让给妻子吃，而妻子则把鱼尾让给丈夫吃。

多年后，丈夫在临终前对妻子说：“老婆子，我告诉你一个多年的秘密，其实我一直说我不爱吃鱼头，爱吃鱼尾是骗你的，我是为了让你多吃点美味的鱼头……”

妻子泪流满面，说道：“我也有一个秘密告诉你，其实我爱吃的是鱼尾，我还以为你爱吃所以才留给你吃……”

研究表明，我们工作生活中 70% 的错误、矛盾、误会是由于不善于沟通，或者说是不善于谈话造成的。

2．跳海的故事

某一豪华客船航海时突然下沉，需要乘客迅速跳海坐上逃生艇才能生存。

大副劝说了半天，乘客们都不跳，只好船长亲自动员。

船长是这样对各国乘客说的。

对德国人说：“跳下去是本船的规定！”德国人毫不犹豫地跳了下去。

对美国人说：“你只要跳下去，你就会成为英雄！”美国人也跳了下去。

对英国人说：“你只要跳下去，你就会成为绅士！”英国人跳了。

对法国人说：“跳海是件很浪漫的事！”法国人也跳了。

这个故事告诉我们，对不同的人要采用不同的沟通方法，适合的沟通方法可以影响、改变事情的最终结果。

学习笔记

课前准备

主　题：沟通表达的重要性及组成部分

沟通表达（Communication and Expression）：

工作中四大能力“听，说，读，写”都可以应用在很多工作场景中。学生的倾听、肢体与语言，都需要从心态、方法和技巧上来详细培养

课前测：

每人准备一个 1 min 的自我介绍。内容目标是争取做到独到而又令人难忘。要求：

1. 自我介绍：内容要具体，内容包括：姓名、家庭或家乡、兴趣爱好、独特的经历与故事、自己的理想等。

2. 字数要求在 240 字左右。

3. 训练过程中，上一个同学介绍完自己，要求下一个同学进行复述上一个同学的自我介绍的主要内容

课前思考：

1. 在什么场合下，需要进行自我介绍？好的自我介绍对第一印象的重要性有哪些？

______

______

______

______

2. 如何正确地使用倾听的方法、肢体语言完成自我介绍？

______

______

______

______

工作任务布置

学习情境	沟通表达（1）自我介绍
工作任务	自我介绍
工作任务描述	沟通实训之一：我要和陌生人说话 1. 时间安排：中午或下午。 2. 任务地点：校区内，去食堂的必经之路。 3. 人员安排：全体同学。 4. 任务对象：本校的非同班同学，最佳人选为陌生教师、年级差别大者或者异性。 5. 任务形式：与陌生人拍照合影，并收集对学校晚自习的情况调查表。 6. 任务注意事项： （1）使用礼貌语言，如“您好，请，谢谢，对不起，再见”。 （2）保持良好的形象，符合商务礼仪。 （3）任务期间注意向陌生人解释清楚任务目的，不打扰无关人等，如对方不给予支持，也要表示抱歉和感谢。 （4）不得作弊，为完成任务而完成任务，要提高自己与陌生人的沟通能力。 沟通实训之二：创新产品新闻发布会 通过新闻发布会的形式，展示真实的新闻或者虚拟的创新产品等。 通过 PPT 演示、主讲人演讲、场上应对记者的提问，锻炼听众的语言组织、逻辑思维能力、临场应急能力。 对于小组内的其他成员，可以更好地练习组织、协调能力，以及对办公软件的使用等。 沟通实训
任务分解	常用的倾听、表达方式与方法包括非语言与语言方法、技巧等。 1. 倾听的三大原则：专心、耐心、不要先入为主。 2. 倾听客户的五个动作：看着对方、保持微笑、点头回应、身体前倾、用笔记录。 3. 常用的肢体语言：身体、手势等。 4. 沟通表达的常用结构：自我介绍、ORID、PEEP、Why、What、How、FABE 结构等方法。

注：此表中的工作任务描述、任务分解由学生扫码了解工作任务后由老师指导完成填写。

工作任务布置

<table>
<tr><td>学习情境</td><td colspan="2">沟通表达（2）演讲辩论</td></tr>
<tr><td>工作任务</td><td colspan="2">高台演讲与辩论</td></tr>
<tr><td>工作任务描述</td><td>沟通实训之一：高台演讲
1. 活动目标：在本次实训中，通过高台演讲树立正确的学习目标。
2. 活动安排：设定比学生能力稍高的要求，通过讲解、演示、训练，按《评分表》要求，让 100% 学生通过 1 min 自我介绍，90% 的同学能独立完成高台演讲。
3. 活动意义：为能通过实训及面试打下基础。
沟通实训之二：辩论比赛
辩论比赛参考流程：
1. 先抛出问题话题，请学员们举手表决支持正方与反方。
2. 选择出 4 位正方，4 位反方，分成两组，参加辩论赛。
3. 每组一辩负责陈述 1 min，二、三辩手负责提问给对方，并解决对方提问，每组时间共计 5 min，四辩负责总结陈词。
4. 请学员们选择出最佳辩手，正反方各一个。
5. 讲师点评学员表现，并给出点评。
6. 根据时间，选择是否进行下一轮比赛</td><td>高台演讲评分表</td></tr>
<tr><td>任务分解</td><td colspan="2">请学员亲身练习，感受紧张，可安排学员站在桌子、椅子上讲述，练习学员面对众人演讲的胆量。
训练内容包括：
1. 提前准备好的具有思政元素的演讲主题，每位同学一个话题，自行准备一个 1 min 的演讲内容，要求有总述、故事或案例、寓意、总结四部分。
2. 语言表达能力以及讲师对学生的相关点评。
3. 强化学生对课程思政的理解，实践锻炼自己的表达能力</td></tr>
</table>

注：此表中的工作任务描述、任务分解由学生扫码了解工作任务后由老师指导完成填写。

工作任务布置

<table>
<tr><td>学习情境</td><td colspan="2">沟通表达（3）专业化表达</td></tr>
<tr><td>工作任务</td><td colspan="2">如此汇报</td></tr>
<tr><td>工作任务描述</td><td>沟通实训：《职场述职——专业化表达》
以组为单位，将案例《如此汇报》改为更明确、更有逻辑的表达方式：
1. 将表达方式制成海报，15 min。
2. 全员完成组内练习，15 min。
3. 每个小组有 2 名同学上台进行演练，每位同学 3 min</td><td>案例：如此汇报</td></tr>
<tr><td>任务分解</td><td colspan="2">常用专业化表达结构可以分成纵向结构和横向结构，以及要掌握几种常用的表达方式。
详细说明如下：
1. 纵向结构：结论先行，以上统下。
（1）结论先行，要先说结论。如果想让别人更容易接受你想表达的内容，那就把结论放在前面，对方理解起来会容易很多。
（2）以上统下，所有分支节点的内容都是支撑主节点的。比如一首歌可以从歌词、旋律、编曲三个维度分析。首先这首歌的歌词特别好，可以打 9 分，因为它的故事很完整，意境优美，用的伴奏乐器和意境也十分契合。这里的伴奏乐器不属于歌词部分内容，这样表达就很容易让人感觉困惑、很乱。
2. 横向结构：归类分组，逻辑递进。
（1）归类分组，就是把同一属性的内容，归为一组，这样更有条理。比如上面讲的，一首歌的故事、意境、词句的逻辑性，都是歌词的一部分，就归到说明歌词这一类。
（2）逻辑递进，就是同一组的不同要素，要有一定的逻辑关系。常见的逻辑关系有并列、顺序等。例如，如何设计一门好的课程，可以从课前动机、课中体验、课后效果等三个维度来分析，那这三个维度就有顺序上的先后关系。
3. 掌握常用的几种表达方式。
（1）因果关系：因为……所以……
（2）从重到轻：首先……其次……再次……
（3）有序描述：第一、第二、第三……
4. 掌握专业化表达：
（1）用数据说话：在描述中通过数字来表示工作量、工作效率以及工作成果，更有说服力和吸引力。描述角度包括：资金、时间、数量。
（2）用专业术语表达：将看上去层次及技术含量低的工作内容，用相关的专业术语（如名词及动词等）表达，显得更加专业。可以现场选择 2 ~ 3 名同学问一问有没有过往经历，让同学们描述后讲师进行点评</td></tr>
</table>

注：此表中的工作任务描述、任务分解由学生扫码了解工作任务后由老师指导完成填写。

课堂学习记录

工作任务：沟通表达系列学习总结

课堂笔记：

课后问题记录：

1. ____________________

____

2. ____________________

____

3. ____________________

____

学习小组活动记录表

<table>
<tr><td>讨论主题</td><td colspan="3"></td><td>日期</td><td></td></tr>
<tr><td>班级</td><td></td><td>组号</td><td></td><td>组长</td><td></td></tr>
<tr><td>组员</td><td colspan="5"></td></tr>
<tr><td>前期规划与安排</td><td colspan="5"></td></tr>
<tr><td>实施情况及呈现方式描述</td><td colspan="5"></td></tr>
<tr><td>实施后反思</td><td colspan="5"></td></tr>
<tr><td>改进方向</td><td colspan="5"></td></tr>
</table>

点亮“星星”——评分汇总表

讨论主题		日期	
班级		组号	
星星事项			
1			☆
2			☆
3			☆
4			☆
5			☆
6			☆
收获我来说			
组员互评			
教师点评			

第七章　组织配合

周次：15~16 周　课时：4 课时

导　语

2019 年 9 月 29 日，女排世界杯第 11 轮较量在日本大阪展开。中国女排在收官战 3 : 0 轻取阿根廷，豪取 11 连胜成功卫冕，夺下队史上的世界杯第 5 冠，三局比分为 25 ： 17、25 : 14 和 25 : 12。这是中国队第 4 次在世界杯以全胜战绩登顶。

中国女排队员在赛场上表现出的团结协作令人难忘。每一次发球、传球、进攻，都显示出女排队员之间的团结精神，手挽手，一条心，用团队的力量去战胜一切，是对团队精神最完美的诠释。

团结一心、同舟共济，也是中国人民奉行的价值观。自 1949 年中华人民共和国成立以来，中国人民始终坚持和发扬集体主义精神，每个人都为了集体的荣誉拼搏、奋斗，才有了我们今天的繁荣和富强。

在本课程中，我们把组织配合与职业素养进行了融合，从团队合作的概念、团队精神的实施、新人融入职场的必备能力、未来职场发展的领导意识等方面进行阐述与实践。

第一、团队合作的概念与重要性。作为一名职业人，尤其是新员工，通常会有这样的困惑：在团队中有多名成员，每个成员都有着自己的个性和做事方式，到底使用什么方法，才能发挥大家的创造力、主观能动性，最后达成团队目标。这就是本次实训课程要解决的问题——团队合作的概念和基本方法。

第二、组织配合与团队精神。团队合作共赢说起来简单，怎么合作才能共赢？我们最终的目的就是让大家完成一个学校人到职业人的转变。现今的社会，现在的职场，任何一个组织都不会认可个人英雄主义，而更讲究的是团队。个人的成功是建立在团队成功的基础上的，只有抱团我们才能获得更大的成功。

第三、组织配合，团队融入，职场对接的招式。2014 年中国社会科学院对新人职场一年的人群进行的调研统计显示，职场新人中，出现社会适应不良症状的比例高达 90%，由此看来，对于新人适应职场是一个共性问题。

第四、组织领导，领袖的风采。在未来的职业发展中，我们不可能总是以新员工的面貌扮演自己的角色，未来有一天我们会成为企业的管理者。作为一个管理者的责任与员工的责任完全不同，这包括了我们的大局观、责任心，还要拥有足够的组织能力与辅导员工成长的能力等。

通过以上内容的学习，目标就是解决这类共性问题，让学生更快、更容易融入职场，甚至走上领导岗位，成为更好的自己。

教学实施表

实施环节			教师活动	学生活动	活动要点	建议时长
第1次课	课前	“组织配合”认知导入	准备组织配合类相关的视频、文字资料 发布课前任务	阅读课前准备资料 观看课前准备视频 观看《团结协作——论大力弘扬新时代女排精神》	引导学生认知“组织配合”的重要性	20 min
	课中	课前任务检测	设置检测任务 引入讨论主题	完成课前测 讨论思考题	引导学生领会组织配合要点	25 min
		情境导入	沟通相关的小故事 抛出练习任务，讨论任务解决重点	思考工作任务中需解决的具体问题 讨论工作任务中解决问题的途径	通过对组织配合认知，尝试解决具体问题	20 min
		组队探讨	设置分组标准 根据班级情况指导分组实施 设计小组分享框架	按分组标准组队 讨论分享框架及组内分工情况、前期准备与安排	设想每个组织配合在小组中的作用	25 min
	课后	制作分享素材	指导、处理分享视频、PPT制作过程中的问题	按分工制作分享素材，做好过程记录	体会小组成员在分组中的重要性	课后时间
		分享演练	指导演练过程中的问题	帮助分享同学多次演练	发挥每个组织配合在小组中的作用，体会组织配合的实际应用	课后时间
第2次课	课前	第1次课课后				
	课中	情境回顾	梳理上节课内容 分享各组分享素材制作过程中的趣事	课中	情境回顾	10 min
		分享讨论	组织小组分享 控制小组分享节奏	小组分享 做课堂笔记	分享讨论	60 min
		总结点睛	总结点评，点亮“星星” 引出什么是组织配合	讨论收获 实施自评、互评 设想步入职场，组织配合如何体现	总结点睛	10 min
	课后	回顾反思	分享相关的素材及自己身边的小故事	课后	回顾反思	课后时间

实施环节			教师活动	学生活动	活动要点	建议时长
第3次课	课前	第2次课课后				
	课中	情境回顾	梳理上节课内容 分享各组分享素材制作过程中的趣事	课中	情境回顾	20 min
		分享讨论	组织小组分享 控制小组分享节奏	小组分享 做课堂笔记	分享讨论	40 min
		总结点睛	总结点评，点亮“星星” 引出什么是组织配合	讨论收获 实施自评、互评 设想步入职场，组织配合如何体现	总结点睛	20 min
	课后	回顾反思	分享组织配合相关的素材及自己身边的小故事	课后	回顾反思	课后时间

学习笔记

团结协作，弘扬新时代女排精神

“团结就是力量，团结就是力量，这力量是铁，这力量是钢，比铁还硬，比钢还强……”《团结就是力量》，在铿锵的旋律间迸发出一往无前的强大力量。这力量，是中国女排顽强奋斗、勇攀高峰的力量；这力量，是中国体育不忘初心、昂扬向上的力量。

郎平说：“在我的字典里，‘女排精神’包含着很多层意思。其中特别重要的一点，就是团队精神。女排当年是从低谷处向上攀登，没有多少值得借鉴的经验，但是在困难的时候，大家总能够团结在一起，心往一块想、劲往一处使。”正是过去几十年里几代人默默地无私奉献，风雨同舟，才铸就了中国女排这个闪耀着团结协作光彩的英雄集体。

不仅中国女排，任何集体项目和个人项目的成功，都需要团结协作的集体主义力量。个人拼搏是为了团队的成功，个人能力的发挥是集体智慧的展现。将个人奋斗融入集体智慧之中，集体的力量与个人的努力在团结协作中才能获得高度统一，形成强大的合力，释放出巨大的能量。在任何情况下，集体的利益和荣誉必然高于一切，而“团结”更是制胜的核心要义。倘若只顾自己而忽视集体，甚至认为个人高于集体，这样的团队不可能成功。

团结协作是女排精神的重要体现，团结协作是体育战线直面挑战、赢得更大胜利不可或缺的精神力量。在每一场体育比赛中我们都要团结一心，凝心聚气，共同奋斗，勇往直前，以昂扬的斗志、集体的力量，勇攀新的高峰。

冬奥小将李文龙的团队精神

2022 年 2 月 7 日，北京冬奥会迎来第 3 个比赛日，这一天的短道速滑赛场竞争异常激烈。几乎每一场的晋级赛和决赛都有选手犯规、碰撞、摔出赛道。中国代表团的第 2 枚金牌就在这样的环境下拼到手，显得尤为珍贵。

短道速滑项目的偶然性、不确定性在昨晚的比赛中体现得淋漓尽致。率先冲线的选手不一定就是最终的冠军，还要等裁判的判定，没有完赛的选手也不一定就会淘汰，还有被判进的可能。所以，拥有团队的优势，就显得弥足珍贵。作为冬奥新人，李文龙在比赛中，更多的是扮演为队友武大靖和任子威打掩护的辅助选手。

比赛后，回顾中国队员的一路披荆斩棘，很多比赛细节被放大。“武大靖碰任子威的手示意他先走”“任子威说感谢队友金牌属于团队”“被武大靖、李文龙整破防了”等冲上热搜。在主持人的解说中，不断地在表扬和鼓励李文龙，称赞其团队执行力。李文龙在比赛中的付出，诠释了团队精神和更团结的奥林匹克格言。

课前准备

主　题：组织配合的重要性及组成部分

团队精神（Team Spirit）：是大局意识、协作精神和服务精神的集中体现，核心是协同合作，反映的是个体利益和整体利益的统一，并进而保证组织的高效率运转。

团队精神的形成并不要求团队成员牺牲自我，相反，挥洒个性、表现特长保证了成员共同完成任务目标，而明确的协作意愿和协作方式则产生了真正的内心动力。团队精神是组织文化的一部分，良好的管理可以通过合适的组织形态将每个人安排至合适的岗位，充分发挥集体的潜能。如果没有正确的管理文化，没有良好的从业心态和奉献精神，就不会有团队精神

课前测：

1. 判断题：中国国家女子排球队（简称中国女排）隶属于中国排球协会，是中国各体育团队中成绩突出的体育团队之一。曾在 1981 年和 1985 年世界杯、1982 年和 1986 年世锦赛、1984 年洛杉矶奥运会上夺得冠军，成为世界上第一个“五连冠”。

A. 是　　　　B. 否

2. 下面对于中国女排描述正确的是（　　）。

A. 2016 年 8 月 21 日，里约奥运会女排决赛，中国女排时隔 12 年再次获得奥运冠军，也是第三次获得奥运会金牌

B. 2017 年 9 月 9 日，在女排大冠军杯第四轮比赛中，提前一轮夺冠，也是时隔 16 年再夺大冠军杯冠军

C. 2018 年 9 月 23 日，夺得第六届女排亚洲杯冠军。2018 年 10 月 20 日，夺得 2018 年女排世锦赛季军

D. 2019 年 9 月 29 日，中国女排以 3 ∶ 0 完胜阿根廷队，从而以 11 连胜的战绩夺得第十三届女排世界杯冠军

课前思考：

1. 你对组织配合与团队精神的理解是什么?

____

____

____

____

2. 如何能够在课程中的团队活动中更好的完成任务挑战?

____

____

____

____

工作任务布置

<table>
<tr><td>学习情境</td><td colspan="2">组织配合</td></tr>
<tr><td>工作任务</td><td colspan="2">完成《穿越电网》活动，最终认识到团队精神的最终结果就是追求共赢</td></tr>
<tr><td>工作任务描述</td><td>我们要进行的项目具有非常久远的历史，是所有拓展项目中较经典的一个，它的起源还有一个故事：二战时期，十几位盟军战士决定趁着夜色逃生，此时横在他们面前的是一张高压电网，唯一的办法就是从电网中穿过。这就是项目名字的由来——穿越电网</td><td>穿越电网图示</td></tr>
<tr><td>任务分解</td><td colspan="2">1. 所有队员从网洞到达网的另一边。
2. 过程中，任何人身体的任何部位不能触网。
3. 一旦触网，网洞即被封，此人退回原位。
4. 每个网洞只能用一次（根据实际情况变通可以多次尝试），但成功后就封掉。
5. 确保安全，不允许蹿跃过网，搬运队员过程不允许抛接</td></tr>
</table>

注：此表中的工作任务描述、任务分解由学生扫码了解工作任务后由老师指导完成填写。

课堂学习记录

工作任务：穿越电网

课堂笔记：

课后问题记录：

1. ______________________________

____

2. ______________________________

____

3. ______________________________

____

学习小组活动记录表

讨论主题				日期	
班级		组号		组长	
组员					
前期规划与安排					
实施情况及呈现方式描述					
实施后反思					
改进方向					

点亮“星星”——评分汇总表

<table>
<tr><td>讨论主题</td><td></td><td>日期</td><td></td></tr>
<tr><td>班级</td><td></td><td>组号</td><td></td></tr>
<tr><td colspan="4">星星事项</td></tr>
<tr><td>1</td><td colspan="2"></td><td>☆</td></tr>
<tr><td>2</td><td colspan="2"></td><td>☆</td></tr>
<tr><td>3</td><td colspan="2"></td><td>☆</td></tr>
<tr><td>4</td><td colspan="2"></td><td>☆</td></tr>
<tr><td>5</td><td colspan="2"></td><td>☆</td></tr>
<tr><td>6</td><td colspan="2"></td><td>☆</td></tr>
<tr><td>收获我来说</td><td colspan="3"></td></tr>
<tr><td>组员互评</td><td colspan="3"></td></tr>
<tr><td>教师点评</td><td colspan="3"></td></tr>
</table>

第八章　劳动纠纷模拟法庭

周次：17 周　课时：2 课时

导　语

法制意识一直是学生核心素养的重要组成部分，它是人们对法律的认可、崇尚与遵从，是关于法治的思想知识和态度，主要包括规则意识、程序意识和权利义务意识等。大学是年轻人世界观、人生观和价值观稳固的关键时期，这一时期对学生进行法治教育有利于学生法律意识的培养。通过法治意识的培养，学生能够理解法治是人类文明演进中逐步形成的国家治理方式，形成基础的法律思维与法律观念，懂得行使权利与履行义务的关系，养成依法办事、依法维权、履行法定义务的习惯，具有法治让社会更和谐、生活更美好的认知和情感。在学生核心素养培养纲要中，要求关注学生实践能力和创新精神的培养，本章以“劳动纠纷模拟法庭”的方式，帮助引导学生在劳动意识方面要秉持诚信原则，通过选择劳动纠纷典型案例普及学生必备法律常识，通过分析与研究案例培养法律思维，通过参观基地、职业模拟、案件处理等一系列实践教学过程提高学生的法律素养和法律思维，通过“亲身、亲历”参与模拟法庭活动，培养和锻炼学生发现问题、分析问题和解决问题的能力，提高学生语言表达能力、组织协调能力，同时培养学生运用法律知识对各类问题进行综合分析和处理的能力。

本章是通用职业素养中的模拟法庭实训，通过选择有关职场法律常识，汇总时下有关职场的热点话题，精选相关法律要点、分析与研究职场劳动纠纷案例、模拟案件处理等一系列过程，培养学生运用理论对职场法律问题进行综合分析和处理的能力，给学生提供独立分析思考和发挥其创造性思维能力的空间，有利于吸引学生学习的注意力，调动学生学习的积极性。具有较强的针对性和实用性。

模拟法庭给学生提供了一个模拟的场所，通过模拟和实践，使书本上原本晦涩难懂的问题，通过实际操作而变得非常简单。学生以亲身角色投入实践，开展庭审中的各项工作。在活动中体验法官、检察官、律师、原告、被告等角色的真正含义，学会分析真实案例，理解与运用法律进行诉讼，从而培养学生运用理论知识分析和解决实际问题的能力，缩短了教学和实践的距离，有助于把理论教学与实践教学有机地结合起来，增强学生综合运用法学知识的能力。在模拟法庭实训过程中，学生通过选择角色，根据这些角色所代表的利益，千方百计地寻找切入点，收集材料，分析案件，撰写文书，合作排练，以期取得最好的结果。这不仅仅是角色的转换，而是学生地位和视角的转换，多层次、全方位发挥学生学习的自主性、积极性和创造性。

法学教育是素养教育的一部分，其教学过程是一个激发学生积极性、主动性、能动性、创造性学习的过程，要通过各种方式与方法的运用，引导学生发现问题，思考问题、解决问题，进而改善学习态度，学会自主发展，提高实际能力。模拟法庭实训，让学生扮演一个实际的社会角色，并以此来形成对法律与职业角色的意识，使学生对法律职业责任和职业道德产生直观的理解，为形成法律共同体、同质的法律观念与法律准则而奠定基础。同时通过职场真实案例的演练，学生能够正确认识社会的法治现状，更加关注社会问题，促进学生向社会人的转化。

学习笔记

教学实施表

<table>
<tr><th colspan="3">实施环节</th><th>教师活动</th><th>学生活动</th><th>活动要点</th><th>建议时长</th></tr>
<tr><td rowspan="5">第1次课</td><td>课前</td><td>案例导入
认知导入</td><td>准备职场劳动纠纷案例
发布课前任务</td><td>阅读课前准备资料
熟悉模拟我国的法庭审批程序</td><td>案例甄选与庭前准备</td><td>课前时间</td></tr>
<tr><td rowspan="2">课中</td><td>课前任务检测</td><td>设置检测任务
引入模拟法庭</td><td>完成课前测
熟悉模拟脚本</td><td>引导学生领会案件要点</td><td>15 min</td></tr>
<tr><td>模拟法庭</td><td>观察学生活动表现
指导活动中产生的问题</td><td>进行模拟法庭</td><td>通过模拟法庭演练，植入法治意识</td><td>75 min</td></tr>
<tr><td rowspan="2">课后</td><td>学习心得</td><td>指导课后疑问</td><td>记录学习心得</td><td>体会模拟法庭中各角色分工的重要性
建立职场法律意识</td><td>课后时间</td></tr>
<tr><td>分享演练</td><td>指导演练过程中的问题</td><td>班会时进行心得分享演说</td><td>固化收获
指导行为</td><td>课后时间</td></tr>
</table>

学习笔记

劳动纠纷案件处理程序

（1）劳动争议发生后，当事人可以向本单位劳动争议调解委员会申请调解。

（2）调解不成，当事人一方要求仲裁的，可以向劳动争议仲裁委员会申请仲裁。

（3）当事人一方也可以不经调解直接向劳动争议仲裁委员会申请仲裁。

（4）对仲裁裁决不服的，可以向人民法院提起诉讼，诉讼程序是处理劳动争议的最后一道程序。未经仲裁的劳动争议，法院将拒绝受理。劳动争议案件由人民法院民事审判庭审理。当事人不服地方人民法院第一审裁定的，有权在裁定书送达之日起十日内向上一级人民法院提起上诉。

校园模拟法庭程序

校园模拟法庭（Campus Court）是一种介于法庭和辩论比赛之间的活动。本章的作用是提高学生的综合能力，包括法律意识、劳动相关法律常识、诚信道德、公开表达、积极策划与组织等多方面能力。因此，用劳动纠纷相关案例结合法庭审判的方式有针对性地进行模拟。案件材料易于操作，贴近学生生活且客观具体，适合学员进行模拟庭审案例。所采用的模拟庭审方式，是民事诉讼的法庭审判程序。学员将严格按照民事诉讼法规定，完整呈现庭前准备、宣布法庭纪律、法庭调查、法庭质证、证人出庭、法庭辩论、法庭调解、合议庭评议及当庭宣判等一系列诉讼程序。模拟法庭应分设以下角色：审判长、审判员、书记员、公诉人、被告、原告、辩护人、证人、法警、人民陪审员等。模拟庭审过程中的重点是由原被告双方围绕争议焦点进行举证质证，开展法庭辩论。整个模拟法庭课程中围绕民事诉讼中相关劳动纠纷案例展开。学员可参照民事诉讼流程图（见图 8-1）进行模拟练习。在实际课程中，本次课程将模拟法庭简化为四个阶段，在法庭准备阶段，原被告及原被告代理人分别就本次案件作案情陈述。法庭调查阶段和法庭辩论阶段，原被告双方进行互相辩论，原被告代理人也做出了激烈的答辩。经过双方的激烈答辩，法庭在调解阶段过后，对民事诉讼案件做出了最终的判决。

学习笔记

民事诉讼
起诉
诉前财产保全
7日内作出
受理
不予受理
驳回起诉
撤诉
审理
对不予受理的裁定提起上诉
当事人3日内申请
回避
庭前准备
普通程序（6个月审结）
简易程序（3个月审结）
程序终结
财产保全
诉讼调解
先予执行
缺席判决
达成协议
未达成协议
程序终结
诉讼终结
延期审理
诉讼中止
判决裁定
撤诉
程序终结
上诉
判决15日内上诉，裁定10日内上诉
诉讼调解
判决3个月审结，裁定30日内审结
判决、裁定
达成协议
维持原则
依法改判
发回重审
提审
再审
抗诉
程序结束
审理
驳回申请
一审程序
二审程序
驳回起诉
维持原判
改判
驳回起诉
撤销原判发回重审

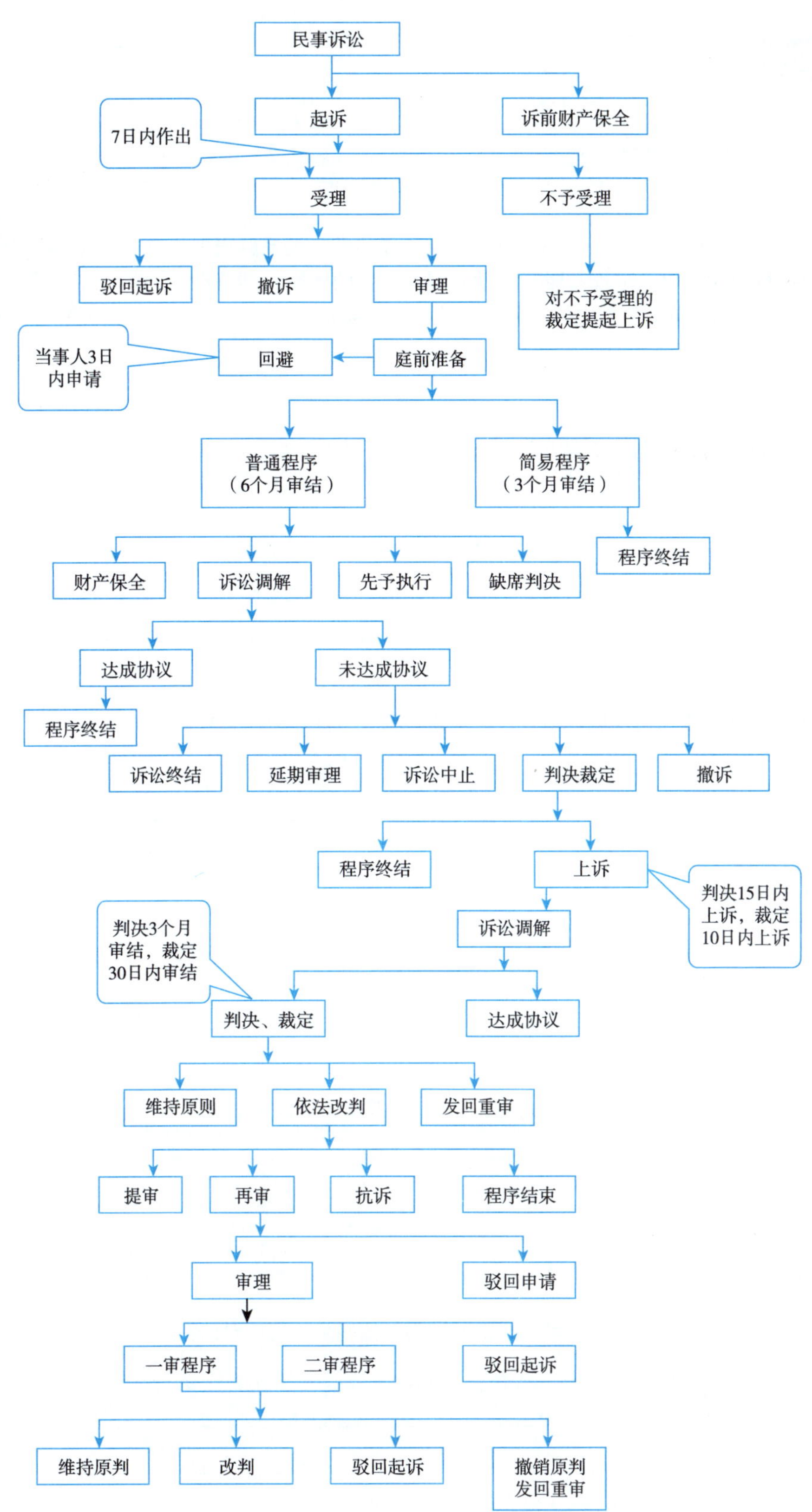

图 8-1 民事诉讼流程图

课前准备

主　题：劳动纠纷模拟法庭

劳动纠纷一般指劳动争议（Labor Dispute），是指劳动关系的当事人之间因执行劳动法律、法规和履行劳动合同而发生的纠纷，即劳动者与所在单位之间因劳动关系中的权利义务而发生的纠纷

劳动纠纷案例文本

课前测：

1．扫码读案例，案例一中双方劳动关系成立吗？为什么？

2．如果扮演一个模拟法庭的角色，你希望是哪个角色？为什么？

课前思考：

1．如果将来你遇到劳动纠纷的问题，你会采取哪些行动去解决？

2．你身边存在类似案例中劳动纠纷的问题吗？他们是如何应对的？

工作任务布置

<table>
<tr><td>学习情境</td><td colspan="2">劳动纠纷模拟法庭</td></tr>
<tr><td>工作任务</td><td colspan="2">模拟法庭</td></tr>
<tr><td>工作任务描述</td><td>模拟法庭给学生提供了一个模拟的场所，通过模拟和实践，在活动中体验法官、检察官、律师、原告、被告等角色的真正含义，亲身投入实践，学会分析真实案例，理解与运用法律进行诉讼，从而培养学生运用理论知识分析和解决实际问题的能力，增强学生综合运用法学知识把理论教学与实践教学有机地结合起来的能力</td><td>模拟法庭脚本</td></tr>
<tr><td>任务分解</td><td colspan="2">【学员分组】
模拟法庭可以分为四个组：审判组、起诉组、辩护组和综合组。
1. 审判组由审判长、审判员（陪审员）、书记员以及其他不出庭的人员组成。
2. 起诉组由公诉人或原告及其代理人以及不出庭人员组成。
3. 辩护组由辩护律师、代理人以及不出庭人员组成。
4. 综合组由犯罪嫌疑人、被告人、被害人、证人、鉴定人、法警等其他诉讼参与人以及不出庭人员组成。
【模拟流程】
1. 书记员核对当事人情况。
2. 书记员宣布起立，法官进入。
3. 法官介绍案件基本情况（合议庭组成、原被告、案由等）。
4. 原告宣读起诉书，从诉讼请求开始读。
5. 被告宣读答辩意见。
6. 法官可以提问，归纳辩论焦点。
7. 法庭调查，证据交换：原告出示第一组证据，说明证明内容，传递给被告质证，被告发表质证意见（一般从证据真实性和证明内容两方面说，比如真实性无异议，但所证明内容有异议之类的）。之后出示第二组证据，然后被告出示证据。
8. 法庭辩论，原告先说，被告后说，主要是对有争议的事实进行说明。
9. 法官询问是否调解，若否立即判定</td></tr>
</table>

注：此表中的工作任务描述、任务分解由学生扫码了解工作任务后由老师指导完成填写。

课堂学习记录

工作任务： 劳动纠纷案件模拟法庭

课堂笔记：

课后问题记录：

1. ______________________________

2. ______________________________

3. ______________________________

学习小组活动记录表

<table>
<tr><td>讨论主题</td><td colspan="3"></td><td>日期</td><td></td></tr>
<tr><td>班级</td><td></td><td>组号</td><td></td><td>组长</td><td></td></tr>
<tr><td>组员</td><td colspan="5"></td></tr>
<tr><td>前期规划与安排</td><td colspan="5"></td></tr>
<tr><td>实施情况及呈现方式描述</td><td colspan="5"></td></tr>
<tr><td>实施后反思</td><td colspan="5"></td></tr>
<tr><td>改进方向</td><td colspan="5"></td></tr>
</table>

点亮"星星"——评分汇总表

讨论主题		日期	
班级		组号	
星星事项			
1		☆	
2		☆	
3		☆	
4		☆	
5		☆	
6		☆	
收获我来说			
组员互评			
教师点评			

第九章　胜任计划

周次：18~20 周　课时：6 课时

导　语

随着社会的发展，就业与工作压力越来越大，选择一份适合自己的工作越来越难。面对这样的情况，我们听到了两种不同的声音，一种声音是：先就业，再发展。第一份工作并不重要，能学到什么才重要，人生漫长，未来还有机会选择更好的工作。另一种声音是：第一份工作的选择非常重要，会影响到一个人的人生观和价值观，甚至会影响整个人生的发展和目标。

这两种声音，都是前辈们给我们分享的宝贵经验，也都是善意的，但又是相反的。我们在即将走入社会前，到底应该如何选择，到底应该抱着什么样的心态和掌握什么样的能力才能更好地走上工作岗位？

世界的发展越来越快，我们必须从心里接受现在社会发展的“不变的只有变”，因为变化可能出现更多的机会，而机会也永远会留给努力的人和有准备的人。

反之，如果思想意识跟不上社会发展，能力上也没有做好准备，那就业形势就不可能明朗。

所以，找到一份符合自己的特长、学识能力，紧贴社会需求的工作才是最重要的。

在本章中，我们把胜任计划与职业素养进行了融合，从求职简历、成功面试、有效工作等方面进行阐述与实践。

第一、简历撰写，简历结构与优化。可以让我们更好地选择适合的岗位，了解简历的结构，掌握撰写、优化、投递简历的技巧等。

第二、面试技巧，成功面试。通过模拟面试的流程与内容，让我们熟悉面试的组织策划，以及面试过程中的相关技巧，为以后参加面试，或者从事招聘工作奠定基础，并掌握面试中的沟通技巧。

第三、有效工作，解决问题的正确思路。帮助我们学会分析问题，提高动手解决问题的能力。掌握课程中的思维导图、鱼骨图、流程图等工作方法。掌握工作中最佳解决问题的六个步骤，即界定问题、分析问题的原因、制定问题的解决方案、制订行动计划、执行行动计划、评估结果。

通过以上内容的学习，可以让我们顺利地找到适合自己发展的工作，发挥自己的才能，为国家、为社会、为家庭做出应有的贡献。

教学实施表

实施环节			教师活动	学生活动	活动要点	建议时长
第1次课	课前	“胜任计划”认知导入	准备胜任计划类相关的视频、文字资料 发布课前任务	阅读课前准备资料 观看课前准备视频 观看《2021届高校毕业生总规模高达909万人》	引导学生认知“胜任计划”的重要性	20 min
	课中	课前任务检测	设置检测任务 引入讨论主题	完成课前测 讨论思考题	引导学生领会胜任计划要点	25 min
		情境导入	沟通相关的小故事 抛出练习任务，讨论任务解决重点	思考工作任务中需解决的具体问题 讨论工作任务中解决问题的途径	通过对胜任计划认知，尝试解决具体问题	20 min
		组队探讨	设置分组标准 根据班级情况指导分组实施 设计小组分享框架	按分组标准组队 讨论分享框架及组内分工情况、前期准备与安排	设想每个胜任计划在小组中的作用	25 min
	课后	制作分享素材	指导、处理分享视频、PPT制作过程中的问题	按分工制作分享素材，做好过程记录	体会小组成员在分组中的重要性	课后时间
		分享演练	指导演练过程中的问题	帮助同学多次演练	发挥每个胜任计划在小组中的作用，体会胜任计划的实际应用	课后时间
第2次课	课前	第1次课课后练习				
	课中	情境回顾	梳理上节课内容 分享各组分享素材制作过程中的趣事	课中	情境回顾	10 min
		分享讨论	组织小组分享 控制小组分享节奏	小组分享 做课堂笔记	分享讨论	60 min
		总结点睛	总结点评，点亮“星星” 引出什么是胜任计划	讨论收获 实施自评、互评 设想步入职场，胜任计划怎么体现？	总结点睛	10 min
	课后	回顾反思	分享相关的素材及自己身边的小故事	课后	回顾反思	课后时间

实施环节			教师活动	学生活动	活动要点	建议时长
第3次课	课前	第2次课课后练习				
	课中	情境回顾	梳理上节课内容 分享各组分享素材制作过程中的趣事	课中	情境回顾	20 min
		分享讨论	组织小组分享 控制小组分享节奏	小组分享 做课堂笔记	分享讨论	40 min
		总结点睛	总结点评，点亮“星星” 引出什么是胜任计划	讨论收获 实施自评、互评 设想步入职场，胜任计划如何体现	总结点睛	20 min
	课后	回顾反思	分享胜任计划相关的素材及自己身边的小故事	课后	回顾反思	课后时间

学习笔记

课前资料

靠职业教育改变命运

余朝永，1997年出生在云南省文山壮族苗族自治州砚山县。

高考时，余朝永的分数达到云南省二本录取线，但他最终选择去职校学习。他说："主要是两个方面。第一个是我的实际情况，第二个是我的兴趣。"

入学后，余朝永入选进入了"联想班"，这是联想集团与他所在的云南交通职业技术学院合作的班级，是联想集团紫领工程的一部分，旨在培养具有理论、实践、管理、创新能力的高技能人才，助力学生更好地融入企业和社会。

余朝永发现，在校企合作的课程里，理论知识学习只占全部课程的40%，而实践课程占到60%，这样的课程安排，对于他未来的职业发展非常有帮助。他说："第一，在学校里我们学习的技术都是非常贴近企业的实战项目技术。对迅速适应工作和后期晋升帮助很大，因为企业首先是考核个人能力，即过硬的技术能力。第二，我们还学过职业素养的课程，包括职业心态，沟通技巧、商务礼仪、时间管理、目标管理、企业托管理等能力，再加上相关的实训课程，到企业就会很顺利地融入职场。"

2019年毕业时，他通过联想教育的就业指导培训和推荐，成功地进入了深圳一家科技公司。

2020年，他转正成为一线的实施工程师。一年后，顺利进入公司的研发部。

余朝永说，工作后自己的阅历增长了，真正地从大山里面走出来，见到大都市的繁华，但他并没有忘记家乡，因为在家乡，他早成了村里的明星和骄傲。学弟学妹们会向他咨询哪个职业学校比较好，应该选择什么专业。

对于职校和本科的选择，余朝永一点也不后悔，他表示想回到家乡去创业，带动家乡的IT行业发展。

余朝永在工作

课前准备

主　题：胜任计划的重要性及组成部分

胜任力（Competence）是指能将某一工作中有卓越成就者与普通者区分开来的个人的深层次特征，它可以是动机、特质、自我形象、态度或价值观、某领域知识、认知或行为技能等任何可以被可靠测量或计数的并且能显著区分优秀与一般绩效的个体特征。但有的学者从更广泛的角度定义胜任力，认为胜任力包括职业、行为和战略综合三个维度。职业维度是指处理具体的、日常任务的技能；行为维度是指处理非具体的、任意的任务的技能；战略综合维度是指结合组织情境的管理技能。

此外以简历撰写、求职面试与成功工作三部分进行介绍

课前测：

根据自己的实际情况，预习简历撰写课程内容，并且按标准求职简历表格，填写简历内容。

自学步骤：

1. 求职简历的基本模块和内容要求有哪些?
2. 求职简历的撰写与投递方法有哪些?
3. 面试的一般过程和常见问题有哪些?
4. 如何在工作中解决问题?

课前思考：

1. 你对简历撰写与求职面试的理解是什么?

2. 如何在未来工作中更好地解决问题?

工作任务布置

<table>
<tr><td>学习情境</td><td colspan="2">胜任计划（一）</td></tr>
<tr><td>工作任务</td><td colspan="2">简历评选</td></tr>
<tr><td>工作任务描述</td><td>每组重新整理和优化本组各自的简历，选出本组最佳简历，组长带领组员去参观并给予点评，并评选出全班最优秀简历</td><td>简历模板</td></tr>
<tr><td>任务分解</td><td colspan="2">1．每组重新整理和优化本组各自的简历。
2．选出本组最佳简历挂在墙上，每组在组长的带领下查看并以贴笑脸给予点评。
3．评选出全班最优秀简历</td></tr>
</table>

学习情境	胜任计划（二）
工作任务	模拟面试
工作任务描述	教师饰演企业面试官，进行招聘宣讲，并进行面试。面试结束后，对学生的表现进行打分，对出现的较多问题进行指导
任务分解	1. 教师模拟企业招聘宣讲、答疑。 2. 面试前准备，投递简历。 3. 全体面试，每位同学面试时间在 10 min 左右，并进行打分。 4. 评出最优秀的面试员，并进行奖励。 5. 教师对于面试中的常见问题进行讲解与指导练习

注：此表中的工作任务描述、任务分解由学生扫码了解工作任务后由老师指导完成填写。

课堂学习记录

工作任务：简历评选

课堂笔记：

课后问题记录：

1. ____

2. ____

3. ____

学习小组活动记录表

<table>
<tr><td>讨论主题</td><td colspan="3"></td><td>日期</td><td></td></tr>
<tr><td>班级</td><td></td><td>组号</td><td></td><td>组长</td><td></td></tr>
<tr><td>组员</td><td colspan="5"></td></tr>
<tr><td>前期规划与安排</td><td colspan="5"></td></tr>
<tr><td>实施情况及呈现方式描述</td><td colspan="5"></td></tr>
<tr><td>实施后反思</td><td colspan="5"></td></tr>
<tr><td>改进方向</td><td colspan="5"></td></tr>
</table>

点亮“星星”——评分汇总表

讨论主题		日期	
班级		组号	
星星事项			
1		☆	
2		☆	
3		☆	
4		☆	
5		☆	
6		☆	
收获我来说			
组员互评			
教师点评			

下　篇

下篇章节安排

序号	周次	章节（主要内容）	学时	课前活动	课堂教学方法	课后巩固	执笔
10	1	信息技术初探	2	阅读课程准备材料 观看课前准备视频	案例录入 反转课堂	完成课后调研报告	科大讯飞
	2		2	阅读课程准备材料 观看课前准备视频	案例录入 反转课堂	完成课后调研报告	
11	3	计算思维	2	预习课前资料 完成课前测	案例导入 反转课堂	制作分享 PPT	赵一瑾
	4		2	学习心得分享	情景导入 反转课堂	小组互评 完成课堂学习记录	
12	5	云·大·物·智	2	阅读课前资料 完成课前测	案例教学 任务驱动	学习小组组建 课后法执行	何芸
	6		2	阅读课前资料 完成课前测	案例教学 任务驱动	学习小组组建 课后法执行	
	7		2	阅读课前资料 完成课前测	案例教学 任务驱动	课后活动反馈 总结反思	
13	8	信息技术与伦理	2	看课前资料 完成课前测	案例分析 提出问题	课后项目执行	中兴
	9		2	学习小组准备 辩论材料	体验式教学 小组分享观点	课后反馈	
14	10	信息行业职业素养	2	看课前资料 完成课前测	案例分析 提出问题	课后项目执行	张杰
	11		2	学习小组准备 辩论材料	体验式教学 小组分享观点	课后反馈	
15	12	信息工匠精神与工程教育	2	扫码看资料 完成课前测	案例分析 知识点引导 提出问题	学习小组组建 讨论解决课后问题	张杰
	13		2	学习小组准备观点阐述	分小组阐述观点 教师做好归纳引导	组间互评	
16	14	信息安全初识	2	看课前资料 完成课前测	案例导入 反转课堂	海报制作	赵一瑾
17	15	信息犯罪与立法	2	看课前资料	案例引入及分析	分组讨论 素材收集	赵丽娜
	16		2	完成分享素材制作	小组分享	小组互评 总结梳理	
18	17	信息检索与分析	2	看课前资料 完成课前测	任务驱动 体验式教学	学习小组组建 课后活动执行	何芸
	18		2	看课前资料 完成课前测	任务驱动 体验式教学	学习小组组建 课后活动执行	

第十章　信息技术初探

周次：1~2 周　课时：4 课时

导　语

如果问你，我们生活在什么时代，你会说我们现在生活在信息时代。如果问你，信息时代最大的特征是什么？你可能会想到“信息泛滥”“资源共享”“大数据”等。这些答案都没错，但这些只是信息时代的特征表象，其核心特征是不确定性。

但是今天，我们很多大学生毕业后不知道自己该做什么，通过银行利息理财显然也不是很好的选择，而投资又显得那么不确定。我们不得不承认，对比上一代人的生活，我们这一代人面临的不确定性大了很多。牛顿时代大家看到的变化是连续的，而如今却是跳跃式的。

面对不确定性，我们是否只能坐以待毙呢？信息论创始人香农博士发现了“信息”与不确定性的关系：“信息就是消除了的不确定性。”利用信息消除不确定性，是这个时代人类对抗不确定性最重要和最有效的方法论。

信息技术（Information Technology，IT）是对信息的收集、拾取、处理、传输、加工、变化显示和应用的技术。我国四大发明除火药外，其他三种都是信息技术。造纸术是储存信息的技术，指南针是关于方向信息的技术，印刷术也是一种记录和传递信息的技术。后来，人们发明了电报、电话、电视、电脑，再到互联网……信息技术使得信息的记录、储存和传递变得比以往更加高效。每次信息技术的突破都为人们提升了数据应用的效率。时至今日，借由信息技术的发展，人们已经可以应用大数据转化信息，对未来产生预测和评估。

学习笔记

教学实施表

实施环节			教师活动	学生活动	活动要点	建议时长
第1次课	课前	“信息技术”认知导入	准备信息与信息技术相关的文字资料 发布课前任务	阅读课前准备资料 观看课前准备视频	引导学生认识“信息”与“信息技术”的定义与相互间的关联	30 min
	课中	情景导入	引入讨论主题	讨论思考题“十年前找知识点VS今天找知识点”所需的时间差异	引导学生领会信息技术带给人们生活的改变	10 min
		情境导入	抛出工作任务，尝试任务解决	学生现场搜索答案 讨论解题方案	通过练习体验和学习信息与数据的定义、差别与关系	30 min
		组队探讨	设置分组标准 根据班级情况指导分组实施 设计小组分享框架	按分组标准组队 讨论不同产品中信息技术应用有哪些	引发学生思考信息来源可靠性	30 min
	课后	情景导入	还原剧情任务，班级集体尝试任务解决	学生现场参与讨论解题方案	引发学生思考信息的传播与信噪比的概念	10 min
		课后作业演练	收集作业 指导演练过程中的问题	查找知识点	体会信息技术对信息传播的影响	课后时间
第2次课	课前	第1次课课后				
	课中	情境回顾	梳理上节课内容	回顾对工匠精神认知	引入主题	10 min
		分享讨论	组织小组分享 控制小组分享节奏	小组分享 做课堂笔记	分享解决办法，阐述观点	40 min
		总结点睛	引出信息应用的方法 对学生工作的复盘与总结 总结点评，点亮“星星”	讨论收获 实施自评、互评 设想日常生活中，信息应用的思路	总结梳理 数据、信息、知识和智能间的关系，以及个人如何应用数据和信息的管理学习知识，凝结智慧	30 min
	课后	回顾反思	通过问题引导回顾总结 引发后续主题兴趣	学生回答问题回顾总结	固化收获 指导行为	课后时间

课前资料

5G时代的到来

2019年6月6日，工信部正式向中国电信、中国移动、中国联通和中国广电四家企业发放了5G牌照。这标志着中国正式迎来5G商用的元年。我们可以合理期待一个通过智能链接的“万物互联”社会，备受瞩目的5G将与人工智能、云计算、大数据、物联网等技术一起，改变个人生活，催生行业变革，加速经济转型，推动社会发展。

在人们的生活方式方面，5G将带来更加畅快的通信体验、秒下电影、AR/VR在生活各个角落的应用、安全的自动驾驶……这些都有机会因5G的到来而变成现实，给人类带来更加自由、丰富、健康的生活体验。

在行业的革新方面。得益于技术带来的速率提升、时延改善、接入设备容量的增加，5G触发的革新将从通信行业溢出，数字化改造得以加速，新技术的加持日趋显著，新的商业模式不断涌现，产业的升级将让千行百业脱胎换骨。

进一步5G将带来多维的跨越。比如C端消费与B端产业转型将共振共生。5G时代将延续4G对生活的升级，在社会层面产生影响。普通消费者会因信息技术再一次升级而享受更多便捷，各行各业的数字化、智能化转型也会逐步实现，“个人”及“行业”将共同作用，推动社会升级。

企业资源管理计划

如同军队之于敌手，企业面对市场竞争的压力也很现实，工业化国家的企业竞争相当激烈，市场的需求发现、产品的制造生产、物料的采购存储、财务的周转结算，谁反应快，谁效率高，谁将决定同行企业的生存状况。自20世纪70年代以后，美国商业计算机技术应用得到了前所未有的快速发展，尤其是应用软件系统——财务成本计算拉开了帷幕。

MRP（物料需求计划）系统，这是一种企业物料需求计划管理软件，根据市场需求预测和顾客订单制定产品的生产计划。即客户下订单，企业的各个工作部门都可以从软件系统中得到下一工作的计划指令，简单地说，就是减少生产物料的库存量，提高了财务资金的有效使用率，用最少的钱生产出尽可能多的非库存商品。

使有了MRP系统后很快就遇到了新问题，客户是怎样分布的、他们的订单需求由哪些客观因素影响、客户的需求周期变化是怎样的，以及生产流程如何可订制、人力资源结构如何匹配生产流程、人力资源成本控制与预警等一系列问题，这些问题涉及企业一些非生产领域的资源，但这些资源却实际影响着企业的发展，因此，企业资源计划管理系统，一种能够通过数据收集、业务建模、流程再造、统计报表、分析预警等功能于一体的大型管理系统平台应运而生，将企业运行中的各种资源通过计算机进行一体化管理，给企业各层运营、生产的管理角色提供实时的决策数据支撑，简单点说就是回答怎样确保企业正确、高效地生产。一时间ERP风靡全球，催生了诸如SAP、Oracle、用友、金蝶等软件企业。

随着企业资源计划的成功应用，规模化应用软件平台系统如雨后春笋般在全球展开，在航空、医疗、农业生产、教育、工业制造、电子、交通等领域都研制出了各种形态的信息化管理系统，各行各业的数字化进程全面展开。中国的企业信息化也是在这一时期逐渐发展起来的。

智慧城市建设

在万物互联的5G时代，企业将以数据优先，为物理世界的人和物构建其在数字世界中的模型。在分布式的网络云架构下部署模型。在这样的数据思维模式下，物理世界的大数据会像树木吸收水分一样，将信息从边缘吸收汇聚到云端，并在流动过程中根据业务的特点和需要分布驻留在不同层级的网络云平台之上。同时5G的实时性，使得运营商大数据的存储与计算能力逐步从中心网络向边缘移动，数据能力需深度融入不同网络切片的应用场景中，并优化物理世界与数字世界的实时连接，进一步加速在线分析与在线事务从边缘到云端的深度融合，最终提供面向场景的数据驱动型分布式智能在线应用。

如果说当下的技术已经能够解决传统硬件重复建设的成本问题，那接下来又会是怎样的发展呢？当人类诞生前，地球数十亿年的变化运动所积累的资源大多是深埋在地下的。以石油为例，当人类已经能够把它从地下挖出来，并进行利用的时候，我们的整个世界都在发生着变化，目前整个世界的经济都还是围绕石油展开的。那现在我们近百年积累下来的信息资源有可能就是互联网时代的"数字石油"——大数据，当我们能够很好地运用"数据"时，可能"IT时代"就要更名为"DT时代"了。

那什么是大数据呢？下面看一个例子：

一个网站访问路径跟踪分析系统能够收集网络用户访问各类网站的路径，就是从哪里链接过来的；还跟踪到用户在不同网站的浏览层级与访问深度，页面停留的时间长短，经常访问的网站类型等，这个数据量大概是200亿页次/天，这还仅仅是网页浏览，还不包括QQ、微信、搜索、微博、支付宝等形式的数据。

下面介绍关乎我们未来实际生活的大数据应用工程——智慧城市，如图10-1所示。

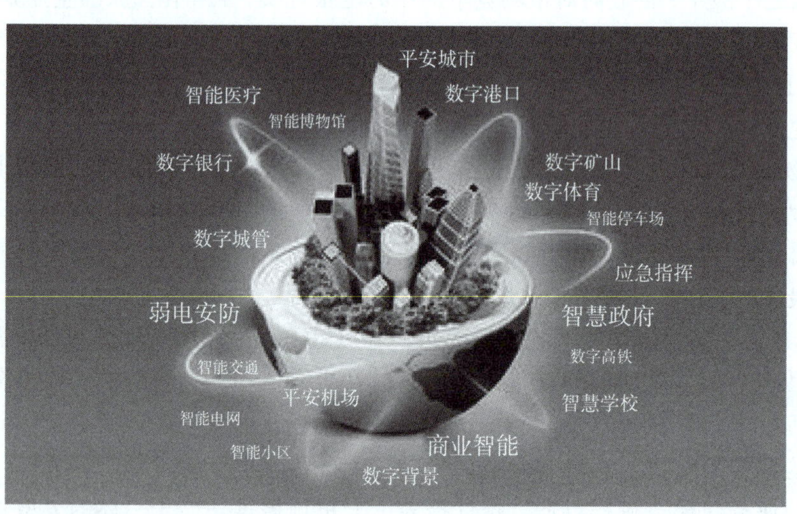

图10-1　智慧城市示意图

通过大数据收集、整理、加工、分析已经可以逐渐为政府、商业企业提供比较精准、有益的数据服务，合成决策变得更加准确和有效，似乎可以使人们近似"先知"地预测自己的决策行为的结果，有效地提升了企业管理水平，以及商业运营利益。但这还不是全部……

随着世界各国城市化进程的快速发展，城市的规模越来越大，人口越来越多，资源形态也越来越多样，关联关系也越来越复杂，亟待需要一个可以快速提供决策辅导或智能化处置的支撑系统，已满足疲惫不堪的城市运行。

举一个例子，电力行业的信息化水平很高，但面对不同城市区域、不同用电类型、不同用电时段、不同用电季节，甚至是接入电网的用电设备管理目前无法做到智能调配，作为城市最重要的资源之一，如何预测与其他城市资源的运行互动关系，提供关联风险预测，经济运行支撑预测，电力供应在各种应急状态下的储备与恢复等，一句话来说，就是目前做不到精确、高效的管理，也很难实现“先知先觉”。

简单地说，智慧城市就是要把城市相关的民生、环保、公共安全、城市服务、工商业活动等各种需求进行建模，通过信息和通信技术手段感知，做出智能响应，使城市在快速扩大的情况下有序、高效、节能、健康的发展。

智慧城市的发展离不开各种新技术和新模式的应用，移动互联网、云计算、物联网以及大数据在智慧城市领域具有强大的推动作用。移动互联网是智慧城市的“神经”，为智慧城市提供无处不在的网络；物联网是智慧城市的“血管”，使得智慧城市实现互联互通；云计算是智慧城市的“心脏”，所有数据、所有服务都由它来提供，为城市各领域的智能化应用提供统一的数据平台；而大数据则好比智慧城市的“大脑”，是智慧城市建设发展的智慧引擎，在这些新技术与新应用的支撑下，智慧城市才能得以快速推进和发展。

学习笔记

课前准备

主　题：穿越 IT 时空

信息技术代表着当今先进生产力的发展方向，信息技术的广泛应用使信息的重要生产要素和战略资源的作用得以发挥，使人们能更高效地进行资源优化配置，从而推动传统产业不断升级，提高社会劳动生产率和社会运行效率。信息技术推广应用促使世界各国致力于信息化，而信息化的巨大需求又驱使信息技术高速发展

课前测：

1. 看完 5G 时代的到来的案例，发挥一下您超然的总结能力，用四个字总结一下计算机的一个重要特性吧？（单选题）

A. 样子很酷　　B. 结构复杂　　C. 万物互联　　D. 小型化

2. 看完企业资源管理计划的案例，你觉得与计算机海量存储特性相近的另一个特性是什么？（单选题）

A. 并行计算　　B. 高速计算　　C. 虚拟计算　　D. 数学计算

课前思考：

1. 看完信息技术发展视频，你有什么感想？

2. 在日常生活工作中，哪些技术应用是和信息技术相关的？请举例说明？

工作任务布置

学习情境	信息技术的应用
工作任务	信息技术在某个产业的应用
工作任务描述	调研信息技术在农业、教育、制造、零售等产业的应用
任务分解	1. 分组：4~5 人为一个小组。 2. 小组共识调研信息技术在某个产业的应用。 3. 小组分工对该产业的信息技术应用及效果进行调研。 4. 将调研结果用思维导图的形式呈现，完成“信息技术在 ×× 产业的应用故事”课堂汇报

注：此表中的工作任务描述、任务分解由学生扫码了解工作任务后由老师指导完成填写。

课堂学习记录

工作任务：找到信息技术在三个不同行业的应用案例

课堂笔记：

课后问题记录：

1. ______________________________

2. ______________________________

3. ______________________________

学习小组活动记录表

<table>
<tr><td>讨论主题</td><td colspan="3"></td><td>日期</td><td></td></tr>
<tr><td>班级</td><td></td><td>组号</td><td></td><td>组长</td><td></td></tr>
<tr><td>组员</td><td colspan="5"></td></tr>
<tr><td>前期规划与安排</td><td colspan="5"></td></tr>
<tr><td>实施情况及呈现方式描述</td><td colspan="5"></td></tr>
<tr><td>实施后反思</td><td colspan="5"></td></tr>
<tr><td>改进方向</td><td colspan="5"></td></tr>
</table>

点亮“星星”——评分汇总表

<table>
<tr><td>讨论主题</td><td></td><td>日期</td><td></td></tr>
<tr><td>班级</td><td></td><td>组号</td><td></td></tr>
<tr><td colspan="4">星星事项</td></tr>
<tr><td>1</td><td colspan="2"></td><td>☆</td></tr>
<tr><td>2</td><td colspan="2"></td><td>☆</td></tr>
<tr><td>3</td><td colspan="2"></td><td>☆</td></tr>
<tr><td>4</td><td colspan="2"></td><td>☆</td></tr>
<tr><td>5</td><td colspan="2"></td><td>☆</td></tr>
<tr><td>6</td><td colspan="2"></td><td>☆</td></tr>
<tr><td>收获我来说</td><td colspan="3"></td></tr>
<tr><td>组员互评</td><td colspan="3"></td></tr>
<tr><td>教师点评</td><td colspan="3"></td></tr>
</table>

第十一章　计算思维

周次：3~4 周　课时：4 课时

导语

在传统的人类思维中，有逻辑思维（即推理和演绎，以数学为代表），还有实证思维（即实验和验证，以物理为代表）。随着信息技术对社会各行各业的深度渗透，我们正处于互联网高速发展的时代，需要培养一种新的思维，即计算思维。

我们不一定要会编程，但学习工程师的思考方式，了解编程能做什么以及不能做什么，对未来会很有帮助。计算思维作为信息技术学科的核心素养之一，更是信息化社会中数字公民应具备的基本素养。建立计算思维，除了能提升工作效率、减少错误的发生，还能帮助大家高效解决日常生活中遇到的各种复杂问题。

工程师在解决问题时有特定的思考流程。面对一个问题，首先将问题拆解成许多小问题，接着找出问题彼此间的关联性或规律性，然后将问题简化、忽略细节，最后针对这个问题提供一个完整的解决方案。所以，计算思维可以归结为 4 个步骤：

（1）拆解：将数据、流程或问题拆解成可管理的单元。

（2）模式识别：寻找问题间的相似处、趋势或规律。

（3）抽象：只关注重要信息，忽略不相关的细节。

（4）演算法：建立解决问题的流程或规则，同时能解决其他类似的问题。

学习笔记

教学实施表

<table>
<tr><th colspan="3">实施环节</th><th>教师活动</th><th>学生活动</th><th>活动要点</th><th>建议时长</th></tr>
<tr><td rowspan="5">第1次课</td><td>课前</td><td>“计算思维”认知导入</td><td>准备课前预习资料
发布课前测试题</td><td>阅读课前准备资料
通过小组讨论和查阅资料，完成课前预习</td><td>对“计算思维”建立基本认知</td><td>课前时间</td></tr>
<tr><td rowspan="3">课中</td><td>情境导入</td><td>系统梳理历史上推动社会进步的14项发明（技术或应用）</td><td>讨论思考</td><td>历史上的科学家们在解决问题的思路和方法上，可以给我们什么启示</td><td>40 min</td></tr>
<tr><td>反转课堂</td><td>引导学生深入思考并分享感悟</td><td>介绍“七桥问题”</td><td>通过欧拉对“七桥问题”的解决方法，讨论抽象分析对问题求解的重要意义</td><td>35 min</td></tr>
<tr><td>情境导入</td><td>以取“咖啡问题”为例，介绍计算思维在工程设计中的运用</td><td>讨论并思考</td><td>如何实现合理高效的工程设计</td><td>15 min</td></tr>
<tr><td>课后</td><td>制作分享素材、分享演练</td><td>指导同学完成分享PPT的制作
指导演练并协助解决过程中出现的问题</td><td>按分工制作分享素材，做好过程记录</td><td>提升对计算思维的认知</td><td>课后时间</td></tr>
<tr><td rowspan="6">第2次课</td><td>课前</td><td colspan="5">第1次课课后</td></tr>
<tr><td rowspan="3">课中</td><td>情境回顾</td><td>梳理上节课内容</td><td>回顾对计算思维的认知</td><td>引入主题</td><td>10 min</td></tr>
<tr><td>反转课堂</td><td>对同学介绍内容进行补充和总结
引导学生深入思考并分享感悟</td><td>介绍祖冲之的生平及取得的主要研究成果</td><td>以“圆周率”计算问题为例，总结祖冲之的精神品质</td><td>30 min</td></tr>
<tr><td>情境导入</td><td>介绍“蒙特卡罗”工程求解方法</td><td>完成课堂学习记录
讨论并思考</td><td>思考“蒙特卡罗”方法计算圆周率与古代的“割圆术”计算圆周率，在解决问题的方式上有什么区别</td><td>35 min</td></tr>
<tr><td rowspan="2">课后</td><td>总结点睛</td><td>总结点评，点亮“星星”</td><td>讨论收获
实施自评、互评
分享计算思维在日常生活中的应用</td><td>总结梳理
认知提升</td><td rowspan="2">课后时间</td></tr>
<tr><td>回顾反思</td><td>分享各组在反转课堂素材制作过程中趣事</td><td>总结梳理课堂学习记录及小组活动记录</td><td>固化收获</td></tr>
</table>

藏在历史中的计算思维

苹果公司创始人乔布斯曾说：我愿意用所有的科技去换取和苏格拉底相处的一个下午。聪明如乔布斯，他认为和智者对话是最有价值的。那么，历史上的智者们是如何思考并解决实际问题的，又是如何推动社会进步的？

问题 1：商周时期人们使用手指、石头、贝壳或绳结等进行计数和计算，但是将军在沙场点兵时，要多少石头才能数得清呢？

解决方案：商周时期，算筹出现

简介：算筹是一些长短一致、粗细均匀的小棍，通常用竹子或是木头制成。算筹采用纵式和横式两种摆放方法来表示数字 1~9。用算筹表示多位数时，需要按顺序摆放每一位上的数。如果某一位上的数字是 0，就用空或画圈表示。各个数位上的数字需要用横式和纵式交替摆放，比如：个位数用纵式，则十位数用横式，百位数用纵式，千位数用横式……

案例：大约 1 500 年以前，中国数学家祖冲之用算筹把圆周率的数值推算到了小数点后 7 位，这个纪录保持了大约 1 000 年。直到公元 16 世纪，被阿拉伯数学家阿尔·卡西打破，推算精确到了小数点后 17 位。

问题 2：算筹的学习一点不简单，只有有钱人才请得起老师教习，没法在广大民众百姓间流传。同时，计算速度很慢。

解决方案：汉代时出现算盘，并在宋代得到广泛普及

简介：算盘是用木头或竹子做成的，包括框、梁、档和算珠。只要记住朗朗上口的珠算口诀，就能快速计算。具有携带便捷、容易学习等特点。古代，不仅中国有算盘，世界上其他地方也有各式各样的算盘，比如古希腊算盘、古罗马算盘、西欧线算盘、俄罗斯算盘等。

案例：明代著名的珠算家程大位完善了珠算口诀，大大提升了珠算的计算速度，让算盘在民间普及开来，同时也促进了经济的发展。汉代徐岳编写的《数术记遗》是最早出现“珠算”一词的著作。到宋代，算盘逐步成为一种常用的计算工具。北宋张择端的著名画作《清明上河图》中就出现了算盘的身影。算盘在中华民族发展史上的贡献不亚于“四大发明”。2013 年，中国珠算被列入《人类非物质文化遗产代表作名录》。

问题 3：人们从数学产生之日，便不断寻求能方便进行和加速计算的工具。有没有一种能解决乘除法运算的计算工具呢。

解决方案：17 世纪初，计算尺出现

简介：英国著名的数学家纳皮尔于 1614 年发表了对数概念，并介绍了一种新的数字运算工具，即后来的计算尺。计算尺就是运用对数原理，把乘法变成加法，使数字运算得到极大简化。计算尺最早的设计者是英国的 E. 冈特，后经多次改进，才成为现代的计算尺。现代计算尺通常由三个互相锁定的有刻度的长条和一个滑动窗口（称为游标）组成，三个长条平行对齐互相锁定，使得中间的条能够沿长度方向相对于其他两条滑动。通常，数学计算通过把滑动杆上的

记号和其他固定杆上的记号对齐来进行，结果通过观察杆子上的其他记号的相对位置来读出。

计算尺的发展是随着科学技术、生产需要和工艺水平而逐渐进步的，它经历了三百余年的发明与创造，经过无数名数学家以及各类专业技术人员的不断努力，特别是20世纪初至70年代，计算尺产品已成为计算工具发展历史上工艺最为先进、制造最为精美、品种最为繁多、使用最为广泛的计算工具。

案例：20世纪40年代，诺贝尔物理学奖获得者李政道求学于物理学大师、美国第一座原子反应堆的设计者费米，每周他们都会花半天时间讨论学术问题。有一次，费米问起太阳中心的温度，李政道答道：大概一千万度绝对温度。费米：你怎么知道的？李政道：从文献上看来的。为了让李政道知道独立思考的重要性，尽管研究方向与太阳毫不搭边，两位求真务实的科学家还是花了两天时间做了一把史上最大的计算尺，抽拉一个小时后，验算出太阳中心的温度的确是一千万度左右。小小一把计算尺，却有着丈量宇宙的能耐。

在那些技术封锁、物资匮乏的艰苦岁月，我国伟大的科学家们研制“两弹一星”靠的正是算盘和计算尺这些简朴的计算工具；黄旭华研制核潜艇，同样离不开计算尺。

问题4：随着社会经济发展，金融、税务等工作的计算量非常大，需要更加快速的计算工具。

解决方案：1642年，滚轮式加法器被发明

简介：加法器通过顺时针拨动滚轮输入数字，计算结果会显示在滚轮上方的方框里。每个方框对应一位数字，从右到左分别对应个、十、百、千、万位。用加法器计算不需要背口诀，也不需要考虑什么时候该进位，无论是学习还是使用都很简单。

案例：法国科学家布莱兹·帕斯卡为了减轻父亲繁重的税款计算工作，于1642年发明了加法器。除了加法器，帕斯卡还有不少重要的发明。他在1653年提出流体能传递压强的定律，即“帕斯卡定律”。帕斯卡利用这个定律发明了注射器和水压机，改进了水银气压计。后人为了纪念帕斯卡，用他的名字“帕斯卡”来命名压强的单位，简称“帕”。

问题5：19世纪，人类社会迅速发展，人口数量也急剧增长。如果使用传统的计算方法，很多年都没有办法完成人口统计的任务。人们需要一项快速便捷的统计工具。

解决方案：1889年，打孔卡制表机诞生

简介：赫尔曼·何乐礼基于打孔卡（Punch Cards）技术，发明了打孔卡片制表机，是计算机的前身。打孔卡制表机利用打孔卡上的孔洞触发电表盘实现自动计数，只需简单的几步，就可完成计数和统计工作。以人口统计工作为例，人口信息会通过打孔的方式记录在卡片上，不同位置的孔分别表示每个人的性别、年龄等信息。

案例：赫尔曼·何乐礼是一位德裔美籍统计学家和发明家，被广泛认为是现代机械数据处理之父。随着他发明的制表机，自动数据处理的时代开启。同时赫尔曼开始自己经营业务，并创立了制表机器公司（Tabulating Machine Company），向全世界的人口统计局推售自己的产品。这种机器不仅统计速度更快，而且也能够以新的方式理解信息。通过重新布局制表机上的线路，这种装置能够对数千或数百万张卡进行分类。随后，制表机很快进入百货大楼、电力公司和气体公司、药品制造商、钢厂、石油公司，尤其是铁路公司的后端办公室。

赫尔曼·何乐礼的基本设计——读取纸板打孔卡的机电式计数器——是主要的数据处理形

式。它在超过半个世纪的时间内改变了世界上几乎每个行业。

问题 6：第二次世界大战期间，为了让火炮打得更准，美军需要计算大量的弹道。由于计算复杂，使用机电计算机计算也需要花费好几个月的时间。但是战事不等人，如何才能进一步提高计算速度和效率呢？

解决方案：1946 年，世界上第一台通用电子计算机 ENIAC 诞生

简介：世界上第一台通用电子计算机 ENIAC，内部有大约 18 000 多个电子管，电子管在通电后可以组成各种电路，电流在这些电路中飞速穿行，瞬间就能完成复杂的计算，计算速度达到 5 000 次 / 秒加法，比机电计算机快上千倍。

案例：美籍匈牙利数学家、计算机科学家、物理学家冯·诺依曼于 1945 年提出了“冯诺依曼体系结构”。他把计算机分为输入设备、存储器、运算器、控制器和输出设备五个部分，各部分分工协作，共同完成运算任务。提出计算机应当采用二进制表示数字。这两项提议奠定了现代计算机技术的基础，冯·诺依曼也因此被称为“现代计算机之父”。

问题 7：电子计算机诞生之初，程序员们使用机器语言编写程序来给计算机下达指令。机器语言全部由 0 和 1 组成，是一种非常复杂的编程语言，学习困难、编写费时费力，出错很难发现。为了摆脱这种苦恼，需要有一种介于机器语言和人类语言之间的高级编程语言。

解决方案：1957 年，第一个真正得到使用和推广的高级语言 FORTRAN 正式发布

简介：高级语言是高度封装了的编程语言。它是以人类的日常语言为基础的一种编程语言，使用一般人易于接受的文字来表示，使程序员编写更容易，同时有较高的可读性。高级语言就像是人类与计算机之间的专属小翻译，能把程序员的指令告诉计算机，指挥计算机工作。

案例：世界上的编程语言有 600 多种，但大家主流在使用的最多二三十种，每种语言都有自己的特点和使用场景。随着计算机的不断发展，新语言也在不断诞生。在我们的职业发展中，可以更多地尝试，勇于接受变化。

我国最有国际影响力的数学家之一、有着“人民科学家”荣誉称号的吴文俊院士，是我国最早的计算机关注者之一。为了科学研究，60 岁的吴文俊院士开始学习计算机编程语言。他学会 BASIC 语言不久，BASIC 就被 Algol 淘汰，刚学会 Algol 不久，Algol 又被 FORTRAN 淘汰，一切又得重来。但科研路上，吴文俊从不怕困难。他提出用计算机证明几何定理的“吴方法”，被认为是自动推理领域的里程碑，而他本人也成为中国人工智能历史上一位里程碑式的开拓者。

问题 8：最早的计算机并没有操作系统，人们通过各种操作按钮来控制计算机。20 世纪 50 年代，办公室的研究员们都希望通过计算机来解决自己工作中的问题，但当时的计算机由于技术、造价等原因没有如今那么普及，而计算机计算资源的使用需求越发凸显。有什么办法可以更多满足大家使用计算机的需求呢？

解决方案：1969 年，UNIX 操作系统被成功开发

简介：操作系统又称系统软件，是一组计算机程序，是管理计算机硬件资源，控制其他程序运行并为用户提供交互操作界面的系统软件的集合。操作系统是计算机系统的关键组成部分，负责管理与配置内存、决定系统资源供需的优先次序、控制输入与输出设备、操作网络

与管理文件系统等基本任务。

案例：任正非，华为技术有限公司主要创始人兼总裁。2012 年，由任正非领导的华为团队开始规划开发自有操作系统。2019 年 8 月 9 日，华为公司于东莞举行华为开发者大会（HDC.2019）上正式发布华为鸿蒙系统（HUAWEI Harmony OS），这是一款全新的面向全场景的分布式操作系统。华为鸿蒙操作系统宣告问世，在全球引起反响。人们普遍相信，这款中国电信巨头打造的操作系统在技术上是先进的，并且具有逐渐建立起自己生态的成长力。它的诞生将拉开永久性改变操作系统全球格局的序幕。

问题 9：电子计算机的发展帮助人类解决大量计算的问题，但是如何使计算机具备更多的功能呢？

解决方案：各种功能的应用软件应运而生

简介：应用软件是为满足用户不同领域、不同问题的应用需求而开发出来的程序。它可以拓宽计算机系统的应用领域，放大硬件的功能。应用软件 (Application) 是和系统软件相对应的，是用户可以使用的各种程序设计语言以及用各种程序设计语言编制的应用程序的集合，分为应用软件包和用户程序。

案例：查尔斯·希莫尼是微软 Windows 系统的核心“所见即所得（What you see is What you get）”的发明人。他同时还开发了 Windows Word 办公软件，被誉为“Word 之父”。

问题 10：随着计算机技术的飞速发展，各行各业对于信息共享、数据传输的愿望越来越迫切。

解决方案：1969 年 12 月，由美国国防部建立的世界上第一个分组交换网“阿帕网”投入运行

简介：互联网，即广域网、局域网及单机按照一定的通信协议组成的国际计算机网络。互联网是指将两台计算机或者是两台以上的计算机终端、客户端、服务端通过计算机信息技术的手段互相联系起来的结果，人们可以与远在千里之外的朋友相互发送邮件、共同完成一项工作、共同娱乐。这种将计算机网络互相连接在一起的方法称为“网络互联”，在这基础上发展出覆盖全世界的全球性互联网络称为“互联网”，即是“互相连接在一起的网络”。

案例：设计互联网的最初目的是能提供一个通信网络，让计算机专家、工程师和科学家使用。那时还没有家庭和办公计算机，并且任何一个用它的人，无论是计算机专家、工程师还是科学家都不得不学习非常复杂的系统。

英国计算机科学家于 1989 年创建了万维网，大大提高了网络信息传送的效率。人们可以利用万维网技术建立网站，发布和搜索信息。

问题 11：20 世纪末，计算机技术进入了互联网时代，广大民众开始享受互联网带来的便捷。但是如何将互联网“随身携带”，能随时随地使用互联网呢？

解决方案：2000 年左右，智能手机开始出现

简介：智能手机是手机和计算机的完美结合，它具有独立的操作系统，可以由用户自行安装软件、游戏等第三方服务商提供的程序，通过此类程序不断对手机的功能进行扩充，并可以通过移动通信网络实现无线网络接入的一类手机的总称。

案例：从 1876 年贝尔发明电话以来，电话经历了长达一个多世纪的发展。尤其近二十年来，电话技术和业务发生了巨大变化，通信的地点由固定方式转向移动方式。苹果公司生产的 iPhone 智能手机和华为公司生产的华为智能手机开启了智能手机的新时代。

问题 12：随着计算机技术、通信技术和网络技术不断发展并全面而深入地融入人类的社会生活，世界充斥着比以往更多的数据，同时数据的增长速度也在不断加快。数据的增长有多快，大量增长的数据对人类社会有什么样的价值？

解决方案：21 世纪初，出现大数据技术

简介：计算机用二进制数存储和传递信息，所以人们把一切由计算机存储、传播的信息称为数据，大量的数据汇集在一起构成大数据。大数据中包含了很多有用的信息，就像大山中埋藏的宝藏，利用“云计算”技术对数据进行分析及计算，就能挖掘出这些宝藏。大数据本身是一种现象而不是一种技术。大数据技术是一系列使用非传统工具对大量结构化、半结构化和非结构化数据进行处理，从而获得分析和预测结果的数据处理技术。

案例：近年来，我国网上零售市场保持较好增势，线上消费需求持续释放。2021 年全国网购替代率为 81.2%，连续 7 年上升。作为电商平台上的重要生产要素，大数据可以快速匹配供需两端，降低信息获取成本，蕴藏着巨大的价值。例如，面对琳琅满目的商品，消费者往往难以抉择。通过大数据算法，查看相似推荐，可以快速比对同类产品在品牌、价格、性能等方面的差异，从而选择最心仪的那一款。对于生产者而言，大数据也是投资决策的重要依据。制造企业通过对消费群体偏好的大数据观察，推出符合其真实需求的产品和服务。大数据为供需牵线搭桥可以更智慧。

问题 13：在过去几百年的历史长河中，无论神学家、科学家还是作家，都在向人们描绘“人工智能”。“人工智能”到底是什么，如何实现？

解决方案：1956 年人工智能诞生

简介：作为计算机科学的一个分支，人工智能是研究、开发用于模拟、延伸和扩展人的智能的理论、方法、技术及应用系统的一门新的技术科学，是一门自然科学、社会科学和技术科学交叉的边缘学科，它涉及的学科内容包括哲学和认知科学、数学、神经生理学、心理学、计算机科学、信息论、控制论、不定性论、仿生学、社会结构学和科学发展观等。简单理解，人工智能是研究人类智能活动的规律，构造具有一定智能的人工系统，研究如何让计算机去完成以往需要人的智力才能胜任的工作，也就是研究如何应用计算机的软 / 硬件来模拟人类某些智能行为的基本理论、方法和技术。

案例：1950 年，英国著名的数学家和逻辑学家艾伦·图灵向世人提出了一个问题：机器可以具备类似人类的智能吗？他介绍了一种测试机器是否具备智能的方法，称为“图灵测试”。艾伦·图灵也因此被称为“人工智能之父”。

人们在日常生活中其实已经方方面面地运用到了人工智能技术，如网上购物的个人化推荐系统、人脸识别门禁、人工智能医疗影像、人工智能导航系统、人工智能写作助手、人工智能语音助手等。

问题 14：在过去的几十年中，计算机技术不仅为人们解决了无数的难题，还让人们的生活变得多姿多彩。可是所有电子计算机都很难解决量子物理领域的难题。

解决方案：2020 年 12 月，中国研制的“九章”量子计算原型机诞生

简介：量子计算机（Quantum Computer），是一种全新的基于量子理论的计算机，遵循量子力学规律进行高速数学和逻辑运算、存储及处理量子信息的物理装置。量子计算机的基本元件是量子比特，可以同时处在多个状态，而不像传统计算机那样只能处于 0 或 1 的二进制状态，所以理论上具有超快的计算能力。不同于电子计算机，量子计算用来存储资料的对象是量子位元，它使用量子演算法进行资料操作。

案例：物理学家保罗・贝尼奥夫于 1980 年提出了用量子力学理论建造计算机的假设。物理学家理查德・费曼于 1982 年提出研制量子计算机解决量子物理学的相关难题。我国物理学家潘建伟带领团队于 2020 年 12 月研制出了中国第一台量子计算原型机“九章”，在 2021 年 5 月研制出了世界领先的超导量子计算原型机“祖冲之号”。

学习笔记

课前准备

主　题：计算思维

计算思维本质上是人们理解自然系统与社会系统的思维方法和思维活动，是使用科学工具进行抽象模拟以寻求问题解决最优化方案的系统过程，从实践角度包括组织、分析、简化、抽象、建模、递归、回溯等基本过程。

解密计算思维

课前测：

1. 电子计算机的基本特征是（　　）。
   A. 电子技术实现计算规划，集成技术实现更为复杂的变换
   B. 基于二进制存储
   C. 基于二进制的运算与变换
   D. 以上三项均正确

2. 人类应具备的三大思维能力是（　　）。
   A. 逆向思维、演绎思维和发散思维
   B. 实验思维、理论思维和计算思维
   C. 抽象思维、逻辑思维和形象思维
   D. 计算思维、理论思维和辩证思维

3. 自动计算需要解决的基本问题是（　　）。
   A. 数据和计算规则的表示
   B. 数据的表示
   C. 数据和计算规则的表示与自动存储
   D. 数据和计算规则的表示、自动存储和计算规则的自动执行

课前思考：

1. 你了解“七桥问题”吗？欧拉对“七桥问题”的解决方法和思路，对你有什么启发？

____

____

2. 你了解祖冲之吗，请列举三项祖冲之的主要研究成果。

____

____

3. 你能简单介绍“蒙特卡罗”方法吗？

____

____

4. 网络上是怎么介绍“取咖啡”问题的？

____

____

工作任务布置

<table>
<tr><td>学习情境</td><td colspan="2">计算思维</td></tr>
<tr><td>工作任务</td><td colspan="2">交通堵塞的问题求解</td></tr>
<tr><td>工作任务描述</td><td>找出一个涉及交通的复杂问题（可以是学校食堂周边、教学楼周边、学生宿舍走廊上的障碍物所造成的交通拥堵问题；或者是机场航班延误的问题等）。通过问题拆解、模式识别、抽象及求解等步骤，找到交通堵塞问题的解决方案</td><td>交通堵塞的问题求解</td></tr>
<tr><td>任务分解</td><td colspan="2">1. 以小组为单位，根据工作任务要求自行提出一个需要解决的交通问题，并按以下步骤完成任务。 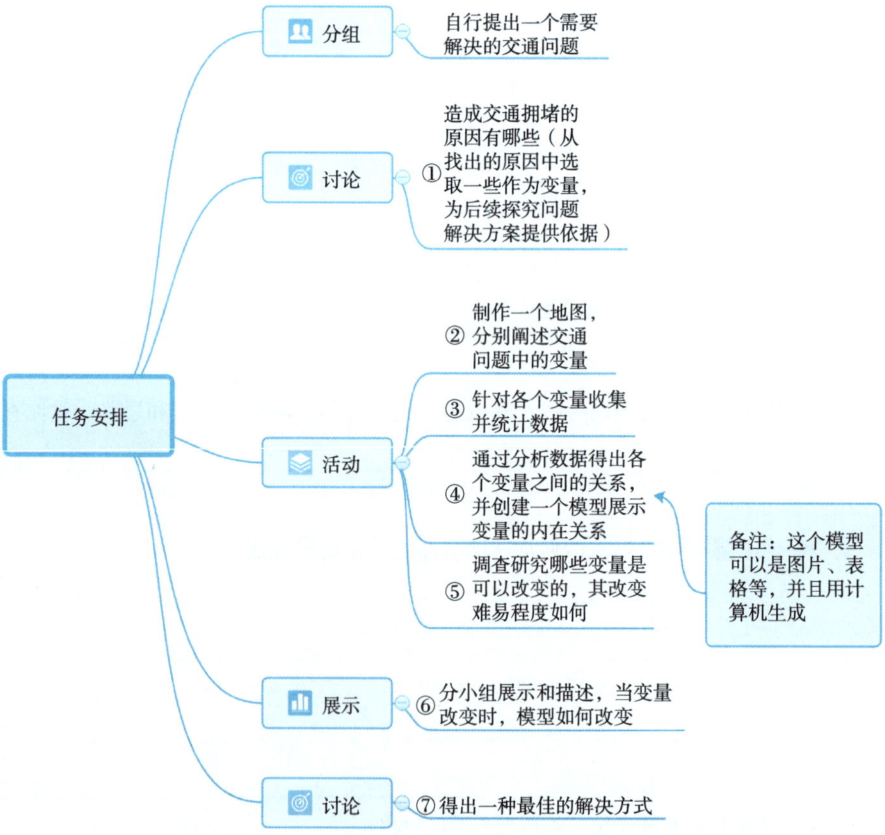
任务安排
分组：自行提出一个需要解决的交通问题
讨论：①造成交通拥堵的原因有哪些（从找出的原因中选取一些作为变量，为后续探究问题解决方案提供依据）
活动：②制作一个地图，分别阐述交通问题中的变量
③针对各个变量收集并统计数据
④通过分析数据得出各个变量之间的关系，并创建一个模型展示变量的内在关系
⑤调查研究哪些变量是可以改变的，其改变难易程度如何
备注：这个模型可以是图片、表格等，并且用计算机生成
展示：⑥分小组展示和描述，当变量改变时，模型如何改变
讨论：⑦得出一种最佳的解决方式
2. 通过小组讨论，将以上工作任务的七个环节归为问题拆解、模式识别、抽象及推演求解等四个步骤，并以思维导图的方式进行呈现</td></tr>
</table>

课堂学习记录

工作任务：

课堂笔记：

课后问题记录：

1. ______________________________

____

2. ______________________________

____

3. ______________________________

____

学习小组活动记录表

<table>
<tr><td>讨论主题</td><td colspan="3"></td><td>日期</td><td></td></tr>
<tr><td>班级</td><td></td><td>组号</td><td></td><td>组长</td><td></td></tr>
<tr><td>组员</td><td colspan="5"></td></tr>
<tr><td>前期规划与安排</td><td colspan="5"></td></tr>
<tr><td>实施情况及呈现方式描述</td><td colspan="5"></td></tr>
<tr><td>实施后反思</td><td colspan="5"></td></tr>
<tr><td>改进方向</td><td colspan="5"></td></tr>
</table>

点亮“星星”——评分汇总表

讨论主题		日期	
班级		组号	
星星事项			
1			☆
2			☆
3			☆
4			☆
5			☆
6			☆
收获我来说			
组员互评			
教师点评			

第十二章　云·大·物·智

周次：5~7 周　课时：6 课时

导　语

《大数据时代》一书中指出，大数据带来的信息风暴正在变革人们的生活、工作和思维，大数据开启了一次重大的时代转型。

物联网、大数据、人工智能、云计算，作为当今信息技术的四大主流，它们之间有着本质的联系，具有融合的特质和趋势。如果把这四个技术拟合成一个实体，比如一个人，那么物联网是这个实体的眼睛、耳朵、鼻子和触觉；而大数据是这些触觉得到信息的汇集与存储；人工智能未来是掌控这个实体的大脑；云计算可以看作在大脑指挥下对大数据的处理及应用，如图 12-1 所示。

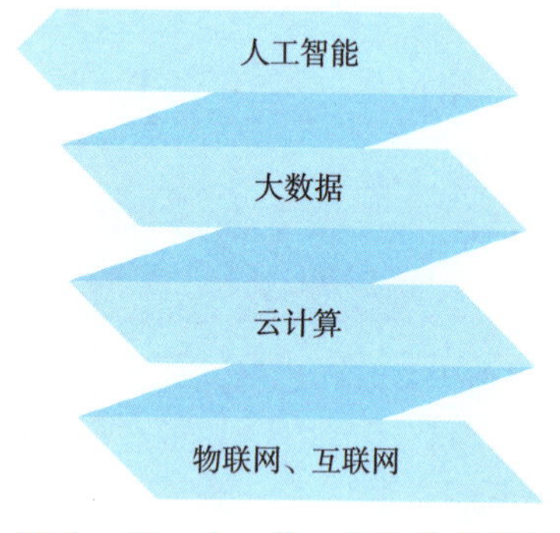

图 12-1　云·大·物·智的关系层级图

物联网来源于互联网，是万物互联的结果，是人和物、物和物产生通信和交互，通信和交互最终都以数据形式呈现，可以被存储、建模、分析。借助移动终端、互联网和移动网络，可以收集海量的数据。

大数据促进了人工智能技术和应用的快速发展，2017 年国家发布了《新一代人工智能发展规划》，提出基于大数据的人工智能作为经济发展的新引擎，大力发展便捷、高效的智能服务。因此大数据就是物联网的最佳应用，也是人工智能的基础。

人工智能是研究使计算机模拟人的某些思维过程和智能行为，主要包括计算机实现智能的原理、制造类似于人脑智能的计算机，使计算机能实现更高层次的应用。人工智能将涉及计算机科学、心理学、哲学和语言学等学科。

人工智能的智力从何而来？其实，就是来源于大数据。小数据可被人类大脑计算使用，但是，当海量超海量数据被分析挖掘应用于人工智能的时候，将呈现出几何级增长的速度和精准，且几乎无失误。一个语音机器人，可以在被使用过程中收集的数据调教，越来越聪明、越来越幽默，无外乎数据的量级增长的效能。超量数据，让机器人能获知包含甚至超出人范畴的行为习惯，运行规律，甚至能分析出人类及万物的下一步进化和发展。大量的数据，能让机器人的判断能力更加精准，失误几乎消失。成功的人工智能应用已经很多，例如，人机大战，从早期的“深蓝”“小蓝”计算机对阵国际象棋大师，到 2016 年以来出现的 AlphaGo 计算机对阵并战胜围棋世界冠军李世石，就充分展示出人工智能发展的一个轨迹。

云计算就是将各种物理计算资源（如大规模的计算机集群、高性能计算机、超大容量存储空间、高端软件资源、优质服务等）转变为虚拟资源，这些资源能够被快速提供，只需投入很少的管理工作，或与服务供应商进行很少的交互，是一种基于互联网的计算资源的服务提供、服务使用和服务交付模式。从提供者角度看就是云计算机，从使用者角度看就是云服务。云计算包含 IaaS（基础设施即服务）、PaaS（平台即服务）、SaaS（软件即服务），三个层次如图 12-2 所示。云计算带来的一个重大变化就是以设备为中心转向以信息为中心，设备可能过时，而设备上的信息是必须要长期保留的资产。例如，手机或计算机在使用过程中，由于设备老旧而需更换时，首先要导出或者备份的肯定是数据（如聊天信息、照片、视频、重要数据等），如果不做好数据的备份，则可能是重大的损失。

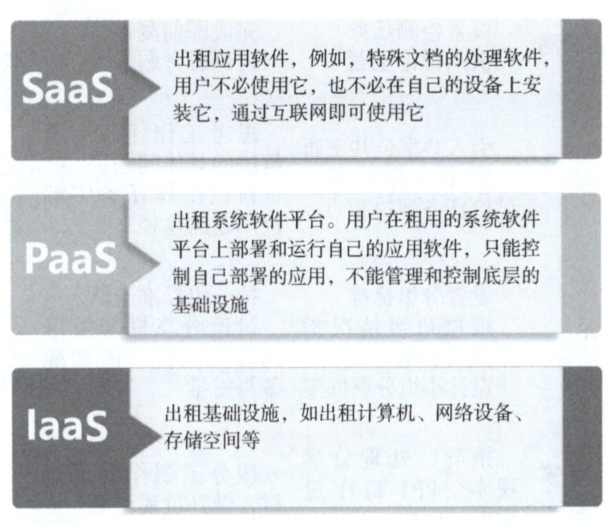

图 12-2　云计算服务的三个层次

物联网、云计算、大数据、人工智能之间是一个整体，通过物联网产生、收集海量的数据存储于云平台，再通过大数据分析，甚至更高层次的人工智能提取云计算平台存储的数据为人类的生产活动、生活所需提供更好的服务。

学习笔记

教学实施表

<table>
<tr><th colspan="3">实施环节</th><th>教师活动</th><th>学生活动</th><th>活动要点</th><th>建议时长</th></tr>
<tr><td rowspan="6">第1次课</td><td>课前</td><td>物联网技术认知导入</td><td>准备物联网相关案例、视频资料
发布课前任务</td><td>阅读课前准备资料
观看课前准备视频
观看“海尔智家官网”相关智能家居视频</td><td>体验“智慧家”感受科技改变生活</td><td>30 min</td></tr>
<tr><td rowspan="4">课中</td><td>课前任务检测</td><td>设置检测任务
引入讨论主题</td><td>完成课前测
讨论思考题</td><td>引导学生理解物联网的概念</td><td>15 min</td></tr>
<tr><td>情境导入</td><td>引入共享公共交通
抛出工作任务，讨论任务解决重点</td><td>思考工作任务中需解决的具体问题
讨论工作任务中解决问题的途径</td><td>通过对共享公共交通的剖析，找到物联网技术与共享经济的关联</td><td>40 min</td></tr>
<tr><td>小组协作</td><td>设置分组标准
根据班级情况指导分组实施
设计小组分享框架</td><td>按分组标准组队
讨论分享框架及组内分工情况、前期准备与安排</td><td>强化组与组之间、组内成员之间的伴随式讨论学习</td><td>25 min</td></tr>
<tr><td>制作分享素材，分享展示</td><td>指导、处理分享视频、PPT制作过程中的问题</td><td>按分工制作分享素材，做好过程记录</td><td>体会小组成员在分组中的重要性</td><td>课后时间</td></tr>
<tr><td>课后</td><td colspan="5"></td></tr>
<tr><td rowspan="6">第2次课</td><td>课前</td><td colspan="5">第1次课课后</td></tr>
<tr><td rowspan="4">课中</td><td>课前任务检测</td><td>设置检测任务
引入讨论主题</td><td>完成课前测
讨论思考题</td><td>引导学生理解大数据技术的概念</td><td>15 min</td></tr>
<tr><td>前情回顾</td><td>梳理上节课内容
分享各组分享素材制作过程中的趣事</td><td>回顾对物联网技术生活方式的改变</td><td>引入主题</td><td>10 min</td></tr>
<tr><td>情境导入</td><td>引入网络购物问题
抛出工作任务，讨论任务解决重点</td><td>思考工作任务中需解决的具体问题
讨论工作任务中解决问题的途径</td><td>通过对网络购物的剖析，找到大数据技术与共享经济的关联</td><td>30 min</td></tr>
<tr><td>小组协作</td><td>设置分组标准
根据班级情况指导分组实施
设计小组分享框架</td><td>按分组标准组队
讨论分享框架及组内分工情况、前期准备与安排</td><td>沉浸式体验组与组之间、组内成员之间伴随式讨论学习</td><td>25 min</td></tr>
<tr><td>课后</td><td>制作分享素材，分享展示</td><td>指导、处理分享视频、PPT制作过程中的问题</td><td>按分工制作分享素材，做好过程记录</td><td>体会小组成员在分组中的重要性</td><td>课后时间</td></tr>
</table>

实施环节			教师活动	学生活动	活动要点	建议时长
第3次课	课前	第2次课课后				
	课中	任务检测	设置检测任务 引入讨论主题	完成课前测 讨论思考题	引导学生理解人工智能技术的概念	15 min
		前情回顾	梳理上节课内容 分享各组分享素材制作过程中的趣事	回顾物联网技术、大数据技术对生活方式的改变	引入主题	10 min
		情境导入	从智能手机的使用引入 抛出工作任务，讨论任务解决重点	思考工作任务中需解决的具体问题 讨论工作任务中解决问题的途径和方法	通过对人工智能技术在智能手机上的应用，思考人工智能技术对生活的改变和影响还有哪些方面	20 min
		小组协作	设置分组标准 根据班级情况指导分组实施 设计小组分享框架	按分组标准组队 讨论分享框架及组内分工情况、前期准备与安排	沉浸式体验组与组之间、组内成员之间伴随式讨论学习	35 min
	课后	制作分享素材，分享展示	指导、处理分享视频、PPT制作过程中的问题	按分工制作分享素材，做好过程记录	锻炼自主学习能力锻炼团队协作能力学会带着思考去学习	课后时间
		总结点睛	总结点评，点亮“星星” 通过对云·大·物·智的学习，指导学生思考信息技术中的“工匠精神”应有哪些表现	讨论收获，表达所学所思 实施自评、互评	总结梳理 挖掘兴趣 善于思考	课后时间

课前资料

智能家居是在互联网影响之下物联化的体现。智能家居通过物联网技术将家中的各种设备（如音视频设备、照明系统、窗帘控制、空调控制、安防系统、数字影院系统、影音服务器、影柜系统、网络家电等）连接到一起，提供家电控制、照明控制、电话远程控制、室内外遥控、防盗报警、环境监测、暖通控制等多种功能和手段。与普通家居相比，智能家居不仅具有传统的居住功能，兼备建筑、网络通信、信息家电、设备自动化，提供全方位的信息交互功能，甚至为各种能源费用节约资金。

课前准备

主　题：万物互联皆服务与共享经济

物联网是指利用各种信息传感设备，如射频识别（RFID）装置、无线传感器、红外传感器、全球定位系统、激光扫描器等对现有物品进行感知采集，通过网络支撑下的可靠传输技术，将各种物品的信息汇入互联网，并进行基于海量信息资源的智能决策，安全保障及管理技术与服务的全球公共信息综合服务平台

物联网典型应用视频

课前测：

1. 物联网的概念最早是（　　）年提出来的。
   A. 1998　　B. 1999　　C. 2000　　D. 2010
2. RFID 卡的读取方式是（　　）。
   A. CCD 或光束扫描　　B. 电磁转换　　C. 无线通信　　D. 电擦除、写入
3. 下列不是物理传感器的是（　　）。
   A. 视觉传感器　　B. 嗅觉传感器　　C. 听觉传感器　　D. 触觉传感器
4. 智慧城市是（　　）和（　　）结合的产物。
   A. 数字乡村、物联网　　B. 数字城市、互联网
   C. 数字城市、物联网　　D. 数字乡村、局域网
5. 华为开发的物联网终端操作系统是（　　）。
   A. 安卓系统　　B. 鸿蒙系统　　C. Huawei LiteOS

课前思考：

1. 结合国内外对物联网的定义，谈谈你是如何理解和认识物联网的。

2. 在日常生活中，哪些场景应用了物联网技术？请举例说明。

工作任务布置

学习情境	云·大·物·智
工作任务	了解何为万物互联皆服务与共享经济
工作任务描述	共享单车、共享汽车、共享充电宝作为一种全新的共享经济模式，进入了人们的生活，现在几乎是随处可见。 共享改变着人们的出行——从上锁的自行车，到扫码即骑的共享单车；从在马路边挥手等待，到坐在办公室查看网约车距离；从单一的酒店，到多元的民宿；从没电的窘境，到如今满街都是街电的便捷…… 今天你骑了吗

任务分解	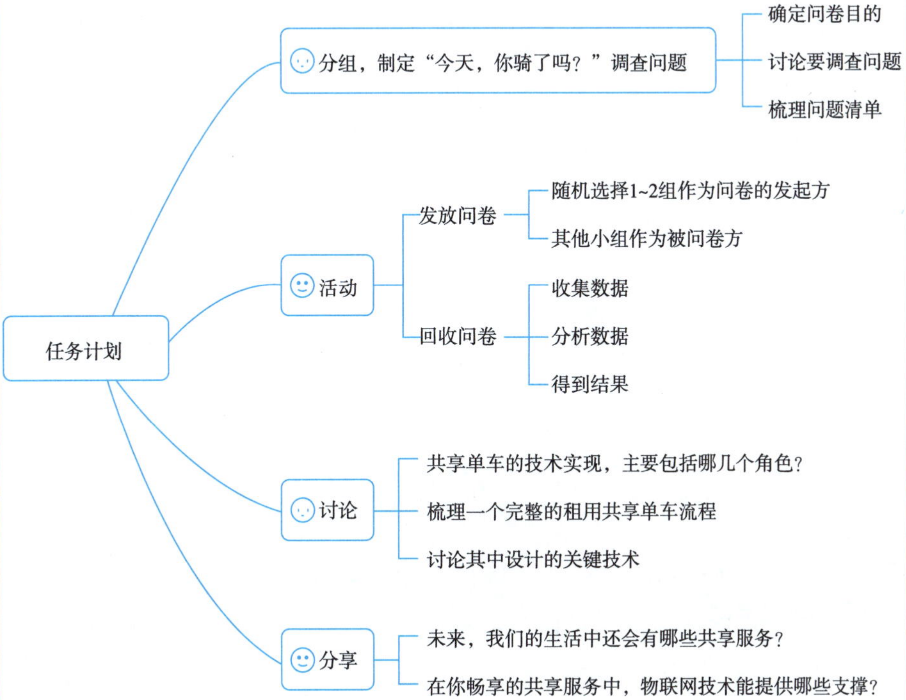 任务计划
	- 分组，制定“今天，你骑了吗？”调查问题
	  - 确定问卷目的
	  - 讨论要调查问题
	  - 梳理问题清单
	- 活动
	  - 发放问卷
	    - 随机选择1~2组作为问卷的发起方
	    - 其他小组作为被问卷方
	  - 回收问卷
	    - 收集数据
	    - 分析数据
	    - 得到结果
	- 讨论
	  - 共享单车的技术实现，主要包括哪几个角色？
	  - 梳理一个完整的租用共享单车流程
	  - 讨论其中设计的关键技术
	- 分享
	  - 未来，我们的生活中还会有哪些共享服务？
	  - 在你畅享的共享服务中，物联网技术能提供哪些支撑？

注：此表中的工作任务描述、任务分解由学生扫码了解工作任务后由老师指导完成填写。

课堂学习记录

工作任务：万物互联皆服务与共享经济

课堂笔记：

课后问题记录：

1. ______________________________

2. ______________________________

3. ______________________________

学习小组活动记录表

<table>
<tr><td>讨论主题</td><td colspan="3"></td><td>日期</td><td></td></tr>
<tr><td>班级</td><td></td><td>组号</td><td></td><td>组长</td><td></td></tr>
<tr><td>组员</td><td colspan="5"></td></tr>
<tr><td>前期规划与安排</td><td colspan="5"></td></tr>
<tr><td>实施情况及呈现方式描述</td><td colspan="5"></td></tr>
<tr><td>实施后反思</td><td colspan="5"></td></tr>
<tr><td>改进方向</td><td colspan="5"></td></tr>
</table>

第二次课前资料

21 世纪，随着互联网技术的发展，数据挖掘成为未来发展的一大趋势。所谓数据挖掘是指，从大量数据中提取或挖掘出隐含的、先前未知的并有潜在价值的信息，数据挖掘是一种决策支持过程，它主要基于人工智能、机器学习、模式识别、统计学、数据库、可视化技术等，高度自动化地分析企业的数据，做出归纳性的推理，从中挖掘出潜在的模式，帮助决策者调整市场策略，减少风险，做出正确的决策。

随着数据挖掘技术的发展，数据可挖掘的形式和内容越来越丰富，如对微博及用户信息的挖掘、对生物数据的挖掘、对各类实验产生数据的挖掘、对通过物联网产生的健康信息及位置相关信息的挖掘，可以对数据进行关联规则的挖掘分析、分类与聚类分析、新颖性或局外性分析等。数据挖掘和分析技术在各行业发挥着重要作用，下面了解两个典型的数据挖掘技术应用案例。

1．农夫山泉用大数据卖矿泉水

农夫山泉股份有限公司成立于 1996 年，中国饮料 20 强之一，是在中国市场上同时具备规模性、成长性和盈利能力的饮料龙头企业。以 2019 年零售额计，农夫山泉在茶饮料、功能饮料及果汁饮料的市场份额均居中国市场前三位，2020 年农夫山泉上市成为卖水龙头股。农夫山泉是如何利用大数据进行变革，首先是农夫山泉的业务模式，将自己定位成“大自然的搬运工”，在全国有十多个水源地，将很多数据如：道路等级费用、天气、季节变化、不同区域的售价调整、人力成本，甚至涵盖突发事件的需求都纳入数据中。利用这些大数据的分析，计算出最优的仓储运输方案，使各条线路的运输成本、物流中心设置最佳地点等信息及时呈现，将几百家办事处和配送中心整合到一个体系之中，形成一个动态网状结构，进行即时管控。因此，农夫山泉利用大数据解决优化了供应链路径，人力、资源的协调优化，减少物流成本；其次，通过大数据分析能准确获知该产多少，送多少，解决了生产和销售的不平衡；最后利用大数据做预测分析，分析市场份额、预测市场需求，调整销售策略等。

2．大数据技术在奥运会的运用

北京 2022 年冬奥会，不仅留下了令人难忘、激动人心的夺金瞬间，云计算、区块链、大数据和人工智能等新一代信息技术广泛融合应用于比赛转播、赛事服务、疫情防控等几十个细分应用场景，为实现北京冬奥会的“简约、安全、精彩”提供有力支撑。其中对天气的精密监测和精准预报是历届冬奥会成功举办的重要因素之一。北京 2022 年冬奥会由于举办地气候条件与往届差异较大，更是面临国际上尚未解决的多个气象难点。本届冬奥会利用大数据和人工智能技术构建高精度数值天气预报模型、多源气象数据快速集成融合模型等关键模型，深入分析实时气象观测数据和海量历史预报数据，实现冬奥气象“时间上分钟级、空间上百米级”预报，进一步提升了冬奥气象预报的精准度，确保了各项赛事的圆满完成。

课前准备

主　题：大数据时代——不一样的思维，不一样的服务	 大数据典型应用
零售商可以充分应用大数据知道他们的客户是谁，以及他们在行业范围内感兴趣的是什么。零售商会结合你的社交媒体帖子、浏览习惯和点击广告的体验预测你目前的想法和爱好。因此，当你在网上搜索了一个最佳旅行路线和住宿指南，第二天你再访问网站时，将会看到与旅行相关的广告推送	

课前测：

1．当前大数据技术的基础是由（　　）首先提出的。

A．微软　　B．百度　　C．谷歌　　D．阿里巴巴

2．大数据的起源是（　　）。

A．金融　　B．电信　　C．互联网　　D．公共管理

3．大数据时代，数据使用的关键是（　　）。

A．数据收集　　B．数据存储　　C．数据分析　　D．数据再利用

4．大数据正快速发展为对数量巨大、来源分散、格式多样的数据进行采集、存储和关联分析，从中发现新知识、创造新价值、提升新能力的（　　）。

A．新一代信息技术

B．新一代服务业态

C．新一代技术平台

D．新一代信息技术和服务业态

课前思考：

比如某天你早上有重要会议，结果自己的车被堵在路上不知道什么时候才能到公司，这时你打开导航软件，开启导航服务搜索最佳路径。大数据技术在该服务中起到了什么作用呢？

工作任务布置

<table>
<tr><td>学习情境</td><td colspan="2">云·大·物·智</td></tr>
<tr><td>工作任务</td><td colspan="2">大数据时代——不一样的思维，不一样的服务</td></tr>
<tr><td>工作任务描述</td><td>为什么淘宝知道我想买什么？
你肯定觉得很奇怪，淘宝首页中推荐的都是自己喜欢的，怎么做到的？很多东西自己从来没有在淘宝上搜索过，只是生活中出现，淘宝就能推荐出来。
还有，如果昨天晚上上淘宝闲逛时浏览了防脱洗发水，今天再上淘宝购物时，就会在首页向我推荐防脱洗发水。
淘宝不局限于根据用户的搜索关键词进行推送，而是根据购买习惯，点击产品喜好等多方位数据综合分析，推算出该用户的审美、需求等多方位喜好，进而为用户提供购买的最佳答案或者是你都没有想到的智能推送</td><td>今天你购物了吗</td></tr>
<tr><td>任务分解</td><td colspan="2"> 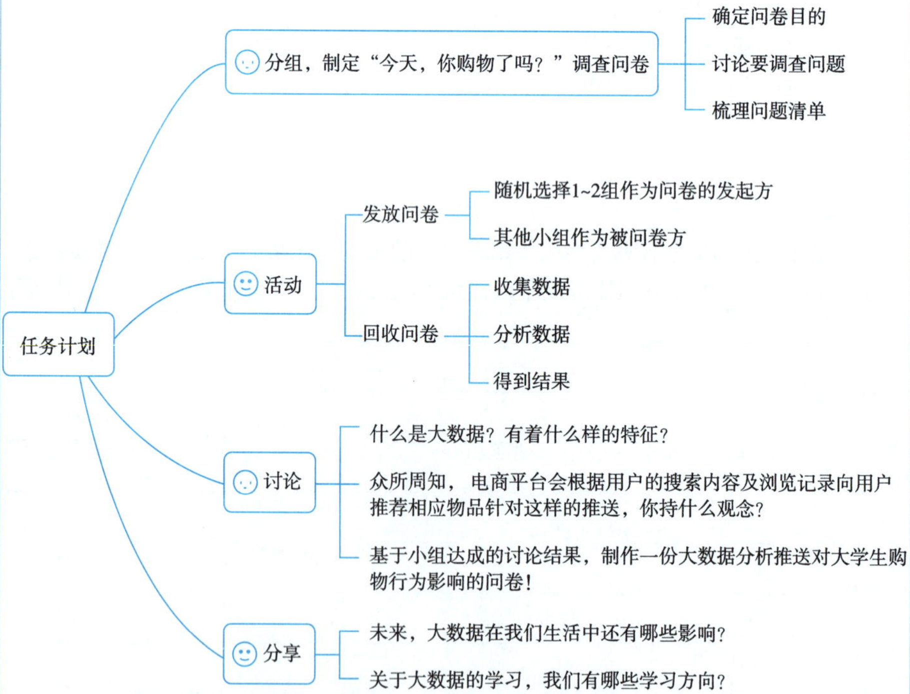任务计划
· 分组，制定“今天，你购物了吗？”调查问卷
　- 确定问卷目的
　- 讨论要调查问题
　- 梳理问题清单
· 活动
　- 发放问卷
　　- 随机选择1~2组作为问卷的发起方
　　- 其他小组作为被问卷方
　- 回收问卷
　　- 收集数据
　　- 分析数据
　　- 得到结果
· 讨论
　- 什么是大数据？有着什么样的特征？
　- 众所周知，电商平台会根据用户的搜索内容及浏览记录向用户推荐相应物品针对这样的推送，你持什么观念？
　- 基于小组达成的讨论结果，制作一份大数据分析推送对大学生购物行为影响的问卷！
· 分享
　- 未来，大数据在我们生活中还有哪些影响？
　- 关于大数据的学习，我们有哪些学习方向？</td></tr>
</table>

注：此表中的工作任务描述、任务分解由学生扫码了解工作任务后由老师指导完成填写。

课堂学习记录

工作任务：万物互联皆服务与共享经济

课堂笔记：

课后问题记录：

1. ____________________

2. ____________________

3. ____________________

学习小组活动记录表

<table>
<tr><td>讨论主题</td><td colspan="3"></td><td>日期</td><td></td></tr>
<tr><td>班级</td><td></td><td>组号</td><td></td><td>组长</td><td></td></tr>
<tr><td>组员</td><td colspan="5"></td></tr>
<tr><td>前期规划与安排</td><td colspan="5"></td></tr>
<tr><td>实施情况及呈现方式描述</td><td colspan="5"></td></tr>
<tr><td>实施后反思</td><td colspan="5"></td></tr>
<tr><td>改进方向</td><td colspan="5"></td></tr>
</table>

第三次课前资料

常使用手机的你一定对小米的小爱同学，OPPO 的 Breeno 语音虚拟个人助理不陌生。以 OPPO Reno6 为例，它的 Breeno 语音则需要在系统设置中进入 Breeno，然后选择 Breeno 语音，就可以录入唤醒词“小布小布”了，只要你说出命令，Breeno 就会帮助你找到有用的信息。例如，比如你需要找景点，可以对其说“我离 ×× 多远”，Breeno 会回答 ×× 的距离，并接着询问是否有导航的需求，或者问“最近的加油站在哪儿？”“我今天的日程有什么安排？”等，然后，虚拟个人助理就可以通过查询信息，向手机中的其他 App 发送对应的信息完成指令。在语音唤醒虚拟个人助理时，人工智能会收集你的指令信息，利用该信息进一步识别你的语音，并为你提供个性化的结果，最终会让你觉得越来越好用，达成越用越好用的结果。

通常在手机中有一个自己高频使用的 App，它就是“百度地图”，作为新一代人工智能地图，百度地图在过去几年里持续引入语音、图像、自然语言处理、深度学习等一系列 AI 技术，在产品体验上不断精进。百度地图能够清楚地告诉用户目前的位置在哪里、哪条路线是去往目的地的最佳路线、路线上的拥堵情况如何以及多久才能到达目的地。上线了智能语音助手功能，实现了车内全场景的语音交互，只需要呼唤一句“小度小度”，它就能帮助用户查周边、播报天气状况，准确将用户导航到目的地，诸如此类的功能还有很多。

现在不论是智能手机的使用还是智能输入设备的出现，语音输入功能已经深深融入人们的生活，人们已经习惯于通过语音拨打电话、打开应用、查询天气，也能不动一根手指，用语音输入法发送语音消息或语音转文字，通用语音能识别方言输入，实时语音互译，外语沟通，也能轻松搞定，还有文稿拍照秒转文字，拍照批改作业等。

这些看似简单的过程实际上就是人工智能的介入和应用，在人们的生活中扮演着重要的角色。

学习笔记

课前准备

主　题：AI 时代 未来已来

围棋人机大战，是指人类顶尖围棋手与计算机顶级围棋程序之间的围棋比赛，特指韩国围棋九段棋手李世石、中国围棋九段棋手柯洁分别与人工智能围棋程序“阿尔法围棋”（AlphaGo）之间的两场比赛。第一场为 2016 年 3 月 9 日至 15 日在韩国首尔进行的五番围棋比赛，阿尔法围棋以总比分 4 比 1 战胜李世石；第二场为 2017 年 5 月 23 日至 27 日在中国嘉兴乌镇进行的三番围棋比赛，阿尔法围棋以总比分 3 比 0 战胜世界排名第一的柯洁。

从“人机大战”看人工智能发展

课前测：

1．以下不属于人工智能技术的是（　）。

A．指纹识别　　B．语音识别　　C．人脸识别　　D．自动感应门

2．阿尔法围棋曾与（　　）出战过围棋比赛。

A．李世石　　B．柯洁　　C．樊麾　　D．以上都是

3．下面选项中（　　）是战胜柯洁的机器人。

A．CaseCruncher Alpha　　B．Sophia　　C．AlphaGo Master　　D．Robo Master

4．网上购物时，仓库是基于（　　）提前储备货物以备根据消费者需求及时发货。

A．厂商　　B．消费者　　C．大数据　　D．商品量

5．Breeno 采用了（　）技术。

A．动作识别　　B．信息处理　　C．图像识别　　D．语音识别

课前思考：

结合生活场景，列举 1~2 个人工智能对生活影响的具体案例。

工作任务布置

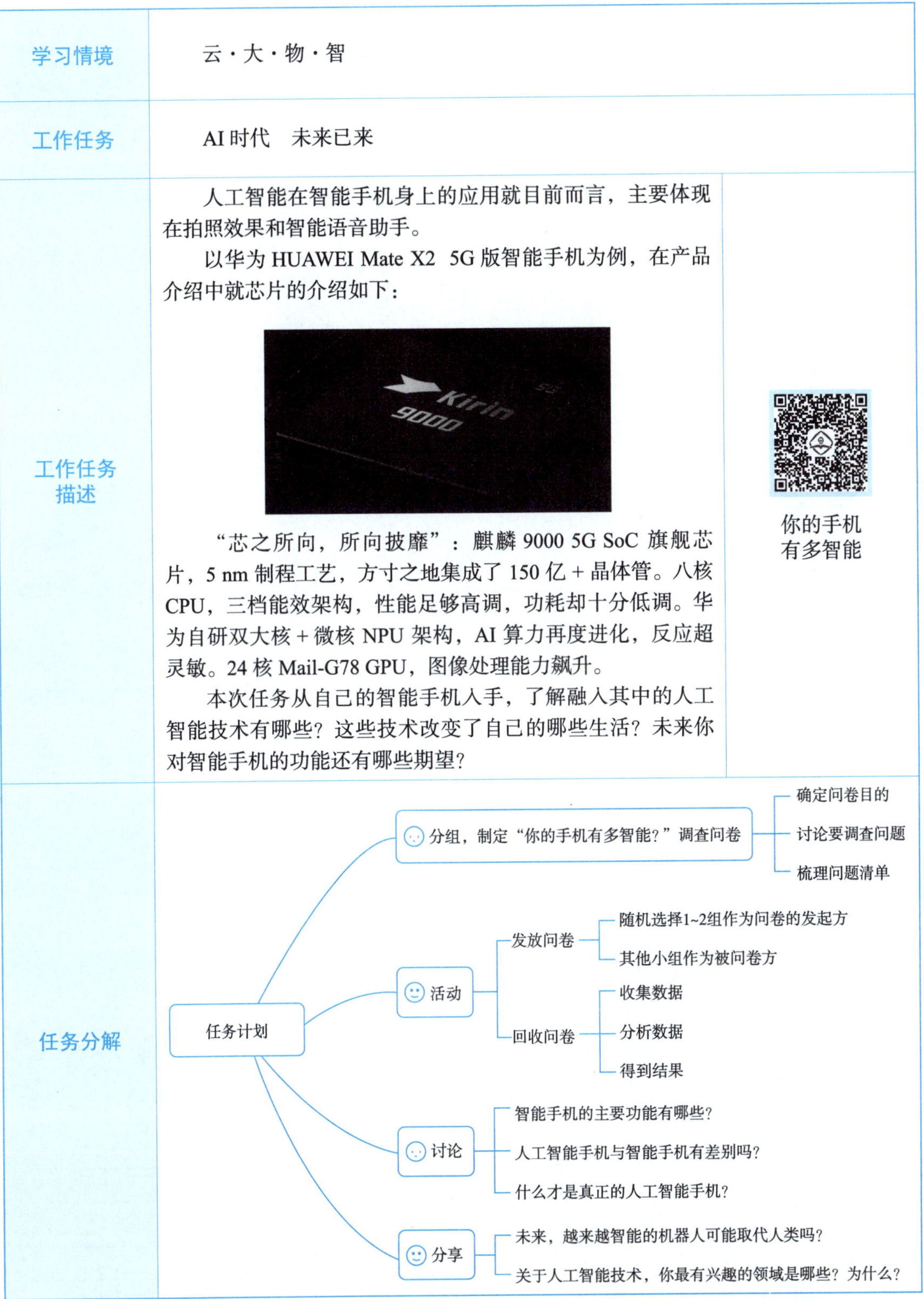

学习情境	云·大·物·智
工作任务	AI 时代　未来已来
工作任务描述	人工智能在智能手机身上的应用就目前而言，主要体现在拍照效果和智能语音助手。 以华为 HUAWEI Mate X2　5G 版智能手机为例，在产品介绍中就芯片的介绍如下： “芯之所向，所向披靡”：麒麟 9000 5G SoC 旗舰芯片，5 nm 制程工艺，方寸之地集成了 150 亿 + 晶体管。八核 CPU，三档能效架构，性能足够高调，功耗却十分低调。华为自研双大核 + 微核 NPU 架构，AI 算力再度进化，反应超灵敏。24 核 Mail-G78 GPU，图像处理能力飙升。 本次任务从自己的智能手机入手，了解融入其中的人工智能技术有哪些？这些技术改变了自己的哪些生活？未来你对智能手机的功能还有哪些期望？ 你的手机有多智能
任务分解	任务计划 分组，制定“你的手机有多智能？”调查问卷：确定问卷目的；讨论要调查问题；梳理问题清单 活动：发放问卷（随机选择1~2组作为问卷的发起方；其他小组作为被问卷方）；回收问卷（收集数据；分析数据；得到结果） 讨论：智能手机的主要功能有哪些？人工智能手机与智能手机有差别吗？什么才是真正的人工智能手机？ 分享：未来，越来越智能的机器人可能取代人类吗？关于人工智能技术，你最有兴趣的领域是哪些？为什么？

注：此表中的工作任务描述、任务分解由学生扫码了解工作任务后由老师指导完成填写。

课堂学习记录

工作任务：AI 时代　未来已来

课堂笔记：

课后问题记录：

1. ____________________

____

2. ____________________

____

3. ____________________

____

学习小组活动记录表

讨论主题				日期	
班级		组号		组长	
组员					
前期规划与安排					
实施情况及呈现方式描述					
实施后反思					
改进方向					

点亮“星星”——评分汇总表

讨论主题		日期	
班级		组号	
星星事项			
1			☆
2			☆
3			☆
4			☆
5			☆
6			☆
收获我来说			
组员互评			
教师点评			

第十三章　信息技术与伦理

周次：8~9 周　课时：4 课时

第一次课课前分享案例

案例一：以相同的头像冒充好友借钱，“克隆”好友诈骗。

解某曾被人假冒微信好友诈骗了钱财，他如法炮制，加了张女士的微信。由于名字和朋友一样，朋友圈内容也相似，张女士没起疑心，先后借了 7 万给解某。当再被借钱时，张女士联系了朋友才知上当受骗。民警很快将解某抓获。因涉嫌诈骗罪，解某已被刑事拘留。

网警提醒：网络借钱转款一定要反复核实对方身份。

案例二：手机收到信用卡快速提额短信，信用卡提额骗局。

李某收到一条陌生号码发来的短信，称其某银行的信用卡可以快速提升额度。在拨打短信中的电话后，李某按照“电话客户”要求提供了身份证后四位，信用卡到期日期，卡背面后三位数字等信息后，自己信用卡内的 9 000 元就“不翼而飞”了。

网警提醒：关于银行账户、银行卡的信息，一定要通过官方渠道获取和核实。同时，信用卡安全码就相当于信用卡的身份证，所以大家一定要保管好自己的信用卡，以避免别人记住您信用卡的账号及安全码。

案例三：“支付宝”发邮件称需升级——骗。

王某在淘宝开了一家汽车用品店。前几天，一个“买家”来店里拍了一套汽车坐垫后发了一张截图，显示“本次支付失败”，并提示“由于卖家账号异常，已发邮件给卖家”。王某打开邮箱，果然有一封主题为“来自支付宝的安全提醒”的未读邮件。王某没有多想就点击邮件里的链接，按提示一步步进行了“升级”，其间几次输入支付宝账号和密码。隔天，王某发现账户里的 8000 多元余额被人以支付红包的形式盗走。

网警提示：要警惕收到的陌生邮件、文档、链接，不要轻易点击，防止木马病毒。如遇疑难问题，一定要找官方客服了解咨询，或拨打 110 求助。

随着信息时代的进步与发展，人类掌握了更前沿更尖端的科技，比如人工智能可以识别、模仿人的情绪，能独立应对问题等。那么，智能机器能否算作“人”？一项基于人工智能的技术可以比人类有更好的质量和速度完成某项生产。一个面向情感的人工智能机器人帮助一个人解决孤单，却使他主动减少了与他人的社交沟通。这种陪伴究竟是在帮他解决问题，还是制造更多的问题？一项技术可以帮助任何人打造与他们高度相似的语音，制造出高度相似的声音和体型，可以代替你来陪伴家人，以弥补亲情方面的缺失，在工作和家庭之间做一个微妙的平衡。

1. 信息时代的伦理进步

（1）信息化深入发展有助于改善政府部门与人民群众的关系。比如，在政务服务领域，各地积极推进“互联网 + 政务服务”，推出“最多跑一次”事项清单，甚至部分事项“一趟不用跑”，打通政务服务的“最后一公里”，实现“让数据多跑路、让群众少跑腿”，不断增强人民群众的获得感、幸福感、安全感。

（2）信息化深入发展为最大程度实现社会公平提供技术条件。例如，在教育领域，信息技术打破时空藩篱，让即便身在地球两端的学生也能同上一堂课；打破城乡壁垒，让农村孩子与城里孩子享受到同等教育资源；打破线上线下界限，让学习无处不在、课堂互动“永不下线”，进一步促进优质资源共享和教育公平。

2. 信息时代的伦理风险

（1）个人信息隐私与安全缺乏保障，隐私问题一直以来是一个棘手的问题。信息技术允许人们生成、存储和加工大量的数据，随着网络化个人进行更多的信息分享，掌握更多信息专业技术主动权的组织、企业也拥有更多的力量来获取个人信息，信息隐私问题更加凸显。社会个体在不同场合泄露的个人信息被信息收集机构最终整合成丰富而全面的关于个人的性格、思想、行动、交流及喜好等资料，被赋予新的经济利益和使用价值，这会给社会个体带来信息隐私泄露并被非法利用的伤害。

（2）信息传播的无序化导致严重的信息异化。信息异化一方面表现为信息主体的主体性丧失，对信息过度的信任与依赖，沉迷于电子游戏、网络等精神、行为层面，被技术异化，逐渐丧失反思和批判的能力，陷入信息焦虑、信息饥渴、信息孤岛。另一方面则体现为信息主体为了获得个人私利或达到某种目的通过不正当的手段获取与利用信息，导致信息污染、信息安全、信息犯罪等问题的产生。

（3）“信息鸿沟”导致信息不平等，在这个“信息爆炸”的时代，设备、技术、观念和信息素养的差距，导致信息鸿沟问题愈加突出。“信息鸿沟”意指“信息富有者与信息不足者之间的差距”。因此，信息鸿沟问题根本上涉及一个信息时代的社会公正问题，即弱势群体在信息获取方面遭受到了不合伦理和得不到帮助的排除，导致信息分配的不公平。基于信息技术的“接入”和“使用”差异，信息的富有者和信息的贫穷者之间存在差距以及是否使用数字技术参与公共生活方面存在差距。

（4）“协同过滤”加剧群体极化（抖音上瘾机制），网站通过对信息接收者浏览习惯的了解，选择性地向其推荐感兴趣的信息，这在为信息主体提供方便的同时，也会导致信息的“窄化”，使信息主体只能接触某一方面的特定议题，即只接触与信息主体本身“固定成见”相同或相近的意见和言论，而无法接触与其观点相左的意见和言论，信息的“窄化”使互动产生“回音壁”式的效果。

3. 应对信息技术伦理风险危机的做法

（1）信息主体层面，注重提高信息素养，信息治理最终要回归人本身。在信息社会语境下，信息素养是每个人都需要培育的基本素养，应将技术伦理风险和技术边界意识融合信息技术伦理精神，向大众传达正确的信息技术伦理观，将之纳入系统的大众教育和广泛的宣传体系中，提升学生面对纷繁复杂的信息时的选择能力、理解能力、创造和生产能力以及批判性思考能力，只有这样才能克服信息传播技术风险。

（2）技术层面，技术创新必须体现社会的伦理价值。技术的发展是为了更好地利用和改造自然，从而造福人类。发展技术的同时坚持一定的伦理原则，才能保障技术正确的发展方向。

（3）社会层面，完善信息立法与执法，加强信息法治监管。法律凭借国家强制力的支持，能够对个体的行为实施更有效、更有力度的规范作用。为此，有必要通过立法手段完善信息技术方面的法律法规，将信息技术可能产生的负面伦理效应尽量降到最低。除了《中华人民共和国民法典》《中华人民共和国网络安全法》等法律法规是信息技术伦理规范应遵从的法律指引外，信息技术管理部门还应进一步制定更为细致的伦理规约，完善、细化、修订已有法律制度中模糊笼统的表述，对信息技术伦理责任主体的伦理行为进行强制性规范。

学习笔记

教学实施表

实施环节			教师活动	学生活动	活动要点	建议时长
第1次课	课前	网络诈骗视频导入	准备电信诈骗视频、文字资料 发布课前任务	阅读课前准备 观看网络诈骗相关视频	让学生分享自己曾经经历过或者父母朋友经历过的网络诈骗（教师自己准备4个新型网络诈骗案例做补充）	20 min
	课中	课前任务检测	设置检测任务 引入讨论主题	完成课前测 讨论思考题	课前讨论，随着信息技术的进步，对我们的生活带来了哪些益处？哪些危机	10 min
		情境导入	“信息伦理”一词已经逐步演变成为信息时代信息主体在生产、传播和利用信息的过程中应遵循的伦理要求和伦理规范。（学生们应该知晓信息伦理定义的前提） 观看黑客“作案”流程，以及后期受到的惩罚、造成的后果 抛出人生追求应该遵循的伦理准线有哪些，讨论信息技术带来的伦理问题有哪些	思考随着信息技术进步带来的伦理危机问题有哪些？伦理进步有哪些？	教师配合学生一步步拿生活中的例子找出信息技术带来的伦理进步和伦理危机问题 设想生活中可能存在的伦理危机问题（如个人信息隐私泄露-大数据杀熟、主体价值观迷失、信息窄化问题-抖音上瘾机制等） 让学生集思广益，针对信息技术的伦理风险危机，我们作为一个信息技术专业人才，能做些什么	30 min
		组队探讨	设置分组标准 根据班级情况指导分组实施 设计小组分享框架	按分组标准组队 讨论分享框架及组内分工情况、前期准备与安排	最后老师配合同学一起总结信息技术学生应当具备的信息伦理素质	25 min
	课后	团队合作一起查资料（未来的信息技术应该怎样更好地为人类服务）	无	按分工制作分享素材，做好过程记录	体会小组成员在分组中的重要性	课后时间

<table>
<tr><th colspan="3">实施环节</th><th>教师活动</th><th>学生活动</th><th>活动要点</th><th>建议时长</th></tr>
<tr><td rowspan="5">第2次课</td><td>课前</td><td colspan="5">第 1 次课课后</td></tr>
<tr><td rowspan="3">课中</td><td>情境回顾</td><td>梳理上节课内容
分享各组收集素材过程中的趣事</td><td>回顾对信息伦理危机的认知</td><td>引入主题</td><td>10 min</td></tr>
<tr><td>分享辩论</td><td>组织校企合作小组两两 PK
控制小组辩论节奏</td><td>小组辩论
总结辩论过程赞成的观点 + 理由</td><td>分享例子，阐述观点</td><td>60 min</td></tr>
<tr><td>总结点睛</td><td>总结点评，点亮“星星”
清楚认识到作为信息技术专业人才所应该具备的伦理素养</td><td>讨论收获
实施自评、互评
设想步入，作为一位信息技术专业人才，我们必须具备的信息伦理素养有哪些</td><td>总结梳理
收获素养</td><td>10 min</td></tr>
<tr><td>课后</td><td>回顾反思</td><td>分享你生活中面对信息技术与伦理相冲突的时候你是怎么做的</td><td>观看分享内容</td><td>固化收获
指导行为</td><td>课后时间</td></tr>
</table>

学习笔记

课前准备

主　题： 信息技术与伦理

“信息伦理”一词已经逐步演变成为信息时代信息主体在生产、传播和利用信息的过程中应遵循的伦理要求和伦理规范。（学生们应该知晓信息伦理定义的前提）

信息伦理的定义

课前测：

1.《中华人民共和国网络安全法》第二十四条规定，未要求用户提供真实身份信息，或者对不提供真实身份信息的用户提供相关服务的，由有关主管部门责令改正；拒不改正或者情节严重的，处（　　）罚款。

A．一万元以上　　B．三万元以上
C．四万元以上四十万元以下　　D．五万元以上五十万元以下

2. 被誉为“人工智能之父”的科学大师是（　　）

A．爱因斯坦　　B．冯•诺依曼　　C．钱学森　　D．图灵

3. 黑客向社会发布系统漏洞、计算机病毒、网络攻击、网络侵入等网络安全信息的，情节严重的，处（　　）罚款。

A．一百元以上一千元以下　　B．一千元以上一万元以下
C．一万元以上十万元以下　　D．五万元以上五十万元以下

课前思考：

1. 有很多关于信息伦理的视频电影，比如《电信诈骗简史》《如果人生可以重来》等，你看后哪些内容触动了你？

2. 在日常生活中，信息技术给伦理带来的益处多还是危机多？请举例说明。

工作任务布置

<table>
<tr><td>学习情境</td><td colspan="2">信息技术与伦理</td></tr>
<tr><td>工作任务</td><td colspan="2">信息技术人才所必须具备的伦理素养有哪些?</td></tr>
<tr><td>工作任务描述</td><td>1~2 课时理论讲解随着信息时代的进步与发展，信息技术带来的伦理进步与伦理危机问题。让学生自主讨论出信息技术人才所必须具备的伦理素养。
3~4 课时辩论一些关于信息伦理中存在的机遇问题，让学生的认知更加清晰，不违背信息伦理的重要性。</td><td>信息技术与伦理视频</td></tr>
<tr><td>任务分解</td><td colspan="2">导入：视频，《电信诈骗简史》等相关视频。
前提：我们今天讨论的伦理是信息伦理。“信息伦理”一词已经逐步演变成为信息时代信息主体在生产、传播和利用信息过程中应遵循的伦理要求和伦理规范。（学生应该知晓信息伦理定义的前提）
理论讲解：(两课时)
（1）信息时代伦理的进步。
（2）信息时代伦理的危机。
让学生自己总结：在信息爆炸时代，作为一位信息专业人才所应该具备的伦理素养。 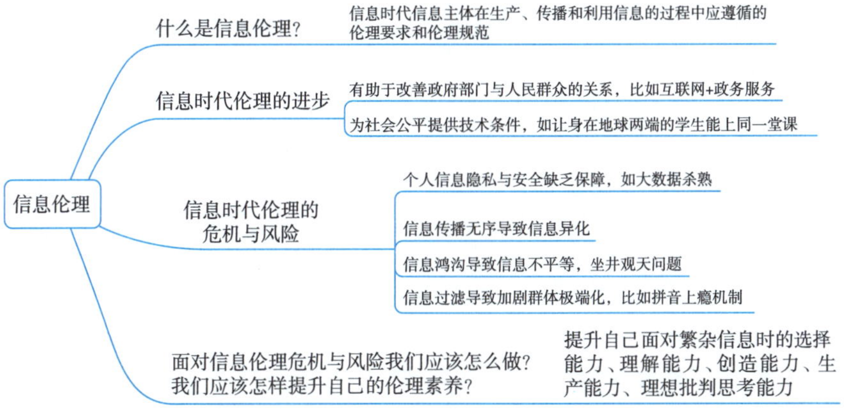

信息伦理
什么是信息伦理？
信息时代信息主体在生产、传播和利用信息的过程中应遵循的伦理要求和伦理规范
信息时代伦理的进步
有助于改善政府部门与人民群众的关系，比如互联网+政务服务
为社会公平提供技术条件，如让身在地球两端的学生能上同一堂课
信息时代伦理的危机与风险
个人信息隐私与安全缺乏保障，如大数据杀熟
信息传播无序导致信息异化
信息鸿沟导致信息不平等，坐井观天问题
信息过滤导致加剧群体极端化，比如拼音上瘾机制
面对信息伦理危机与风险我们应该怎么做？我们应该怎样提升自己的伦理素养？
提升自己面对繁杂信息时的选择能力、理解能力、创造能力、生产能力、理想批判思考能力

辨一辨：（两课时）
辩论主题一：人工智能可以识别、模仿人的情绪，能独立应对问题等。那么，智能机器能否算作“人”？

辩论主题二：一个面向情感的人工智能机器人帮助一个人解决孤单，却使他主动减少了与他人的社交沟通。这种陪伴究竟是在帮他解决问题，还是制造了更多的问题?

辩论主题三：在可以预见的将来，人工智能将重塑生产力、生产关系、生产方式，机器人代替人力进行生产工作，利大于弊还是弊大于利?</td></tr>
</table>

注：此表中的工作任务描述、任务分解由学生扫码了解工作任务后由老师指导完成填写。

课堂学习记录

工作任务：让学生充分意识到作为一个信息技术专业人才，不违背信息伦理的重要性

课堂笔记：

课后问题记录：

1. ______________________________

____

2. ______________________________

____

3. ______________________________

____

学习小组活动记录表

讨论主题				日期	
班级		组号		组长	
组员					
前期规划与安排	找关于信息伦理相关的辩题				
实施情况及呈现方式描述					
实施后反思					
改进方向					

点亮“星星”——评分汇总表

讨论主题		日期	
班级		组号	
星星事项			
1		☆	
2		☆	
3		☆	
4		☆	
5		☆	
6		☆	
收获我来说			
组员互评			
教师点评			

第十四章　信息行业职业素养

周次：10~11 周　课时：4 课时

导　语

职业素质（Professional Quality）是劳动者对社会职业了解与适应能力的一种综合体现，其主要表现在职业兴趣、职业能力、职业个性及职业情况等方面。个体行为总和构成了自身的职业素养。职业素养是内涵，个体行为是其外在表象。职业素养是人类在社会活动中需要遵守的行为规范，是人才选用的第一标准，是职场制胜、事业成功的第一法宝。

一般说来，职业素质具有下列一些主要特征。

职业性——不同的职业，职业素质是不同的。对建筑工人的素质要求，不同于对护士职业的素质要求；对商业服务人员的素质要求，不同于对教师职业的素质要求。

稳定性——一个人的职业素质是在长期执业时间中日积月累形成的。它一旦形成，便产生相对的稳定性。当然，随着他继续学习、工作和环境的影响，这种素质还可继续提高。

内在性——职业从业人员在长期的职业活动中，经过自己学习、认识和亲身体验，觉得怎样做是对的，怎样做是不对的。这样，有意识地内化、积淀和升华的这一心理品质，就是职业素质的内在性。

整体性——一个从业人员的职业素质是和他整个素质有关的。我们说某某同志职业素质好，不仅指他的思想政治素质、职业道德素质好，而且还包括他的科学文化素质、专业技能素质好，甚至还包括身体心理素质好。

发展性——一个人的素质是通过教育、自身社会实践和社会影响逐步形成的，它具有相对性和稳定性。但是，随着社会发展对人们不断提出的要求，人们为了更好地适应、满足、促进社会发展的需要，总是不断地提高自己的素质，所以，素质具有发展性。

学习笔记

教学实施表

实施环节			教师活动	学生活动	活动要点	建议时长
第1次课	课前	“信息行业职业素养”认知导入	准备职业素养、计算机职业相关的视频、文字资料 发布课前任务	阅读课前准备资料 观看课前准备视频 观看《初入职场的我们》综艺节目	引导学生认知“信息行业职业素养”	30 min
	课中	课前任务检测	设置检测任务 引入讨论主题	完成课前测 讨论思考题	引导学生领会信息行业职业素养	25 min
		情境导入	讲好信息从业人员、信息手段使用者的故事 讲解“无领导小组面试初体验”游戏规则	分享身边信息人故事 领会、理解“无领导小组面试初体验”游戏规则	通过对信息行业职业素养理解，体会作为信息工匠该具备哪些职业素养	30 min
		组队探讨	设置分组标准 根据班级情况指导分组实施 设计小组分享框架	按分组标准组队 讨论分享框架及组内分工情况、前期准备与安排	通过扮演面试官及应聘者，切中信息工程职业素养要点	25 min
	课后	制作分享素材	指导“无领导小组面试”模拟演练	按分工制作分享素材，做好过程记录	体会小组成员在分组中的重要性	课后时间
		分享演练	指导演练过程中的问题	帮助分享同学多次演练	发挥各种角色在小组中的作用，体会工匠精神职业素养要点	课后时间
第2次课	课前	第1次课课后				
	课中	情境回顾	梳理上节课内容 分享各组分享素材制作过程中的趣事	回顾对信息行业职业素养的认知	引入主题	10 min
		分享讨论	组织“无领导小组面试初体验”活动 控制小组模拟节奏	小组模拟 做课堂笔记	分享解决办法，阐述观点	60 min
		总结点睛	总结点评，点亮“星星” 引出信息工匠应该具备哪些素养	讨论收获 实施自评、互评 设想步入职场，信息工匠该怎么做	总结梳理 收获素养	10 min
	课后	回顾反思	分享中国大学慕课《职熵》，拓展学习内容	观看分享内容	固化收获 指导行为	课后时间

课前资料

一个人的能力和专业知识固然重要，但在职场要成功，最关键的还在于他所具有的职业素养。缺少这些关键素养，一个人将一生庸庸碌碌；而拥有这些素养，会少走弯路，快速走向成功。

1. 职业素养“冰山”理论

冰山理论认为，漂浮在海上的冰山，只是冰山的一小部分，支撑着这小部分的是水下隐藏着的 80% 左右的巨大冰山 (见图 14-1)。职业素养也可以看成是一座冰山：浮在水面以上的五分之一的冰山，主要代表学生的职业技能和职业行为等，是看得见的显性职业素养，而冰山隐藏在水面以下的部分占整体的五分之四，代表学生的职业意识、职业道德、职业作风等方面，是看不见的隐性职业素养。显性职业素养和隐性职业素养共同构成了个人所具备的全部职业素养。其中，个人职业价值的实现主要依靠职业技能等显性职业素养，但支撑制约显性职业素养的却是隐藏在冰山下的 4/5 的隐性职业素养。

图 14-1 冰山理论示意图

冰山浮在水面以上的只有 1/5，它代表从业者的形象、资质、知识、职业行为和职业技能等方面，是人们看得见的、显性的职业素养，这些可以通过各种学历证书、职业证书来证明，或者通过各种专业技能测试来验证。而冰山隐藏在水面以下的部分占整体的 4/5，它代表从业者的职业意识、职业道德、职业作风和职业态度等方面，是人们看不见的、隐性的职业素养。显性职业素养和隐性职业素养共同构成了所应具备的全部职业素养。职业素养的培养应该着眼于整座“冰山”，并以培养显性职业素养为基础，重点培养隐性职业素养。

大学生刚入职场，该具备哪些职业素养呢?

（1）解决问题时的逆向思维能力——面对工作中遇到的新问题，一时又找不到解决方法。而且，上司可能也没有什么锦囊妙计时，他们擅长用逆向思维办法去探索解决问题的途径。他们清楚具体业务执行者比上司更容易找出问题的节点，是人为的，还是客观的；是技术问题，还是管理漏洞。采用逆向思维找寻问题的解决方法，会更容易从问题中解脱出来。

（2）考虑问题时的换位思考能力——在考虑解决问题的方案时，一般通常站在自己职责范围立场上尽快妥善处理。而他们却总会自觉地站在公司或老板的立场去考虑解决问题的方案。对公司或老板来说，解决问题的出发点首先考虑的是如何避免类似问题重复出现，而不是头疼医头、脚疼医脚的就事论事方案。面对人的惰性和部门之间的扯皮，只有站在公司的角度考虑，才是一个比较彻底的解决方案。能始终站在公司或老板的立场酝酿解决问题的方案，逐渐地他们便成为可以信赖的人。

（3）强于他人的总结能力——他们具备对问题的分析、归纳、总结能力比常人强。总能找出规律性的东西，并驾驭事物，从而达到事半功倍的效果。人们常说苦干不如巧干。但是如何巧干，不是人人都知道的。否则就不会干同样的事情，有的人一天忙到晚都来不及；而有的人却整天很潇洒。

（4）简洁的文书编写能力——老板通常都没时间阅读冗长的文书。因此，学会编写简洁的文字报告和编制赏心悦目的表格就显得尤为重要。即便是再复杂的问题，他们也能将其浓缩阐述在一页 A4 纸上。有必要详细说明的问题，再用附件形式附在报告或表格后面。让老板仅仅浏览一页纸或一张表格便可知道事情的概况。如其对此事感兴趣或认为重要，可以通过阅读附件中的资料来了解详情。

（5）信息资料收集能力——他们很在意收集各类信息资料，包括各种政策、报告、计划、方案、统计报表、业务流程、管理制度、考核方法等。尤其重视竞争对手的信息。因为任何成熟的业务流程本身就是很多经验和教训的积累，遇到用时，就可以信手拈来。这在任何教科书上是无法找到的，也不是哪个老师能够传授的。

（6）解决问题的方案制定能力——遇到问题，他们不会让领导做“问答题”而是做“选择题”。一般人遇到问题，首先是向领导汇报、请示解决办法。带着耳朵听领导告知具体操作步骤。这就叫让领导做“问答题”。而他们常带着自己拟定好的多个解决问题方案供领导选择、定夺，这就是常说的给领导出“选择题”。领导显然更喜欢做的是“选择题”。

2．计算机伦理十诫

许多专业机构都颁布了道德准则，虽然每种准则在细节上存在差别，但其目的都是为专业人士行为提供整体指南。

计算机伦理十诫解读：

（1）你不应该用计算机去伤害他人。使用计算机伤害另一个用户是不道德的，包括损害或破坏其他用户的数据、操纵或破坏其他用户的文件。编写执行时会窃取、复制或未经授权访问其他用户的程序是不道德的。参与黑客、垃圾邮件、网络欺诈或网络欺凌等做法不符合计算机伦理。

（2）你不应该去影响他人计算机的工作。计算机软件可以以干扰其他用户或扰乱其工作的方式使用。比如，病毒或恶意软件可能导致计算机错误地运行，甚至停止工作。使用它们攻击计算机是不道德的。

（3）你不应该对他人计算机中的文件探头探脑。阅读别人的信件是错误的行为，阅读别人的电子邮件或文件也一样，这是侵犯他人的隐私。

（4）你不应该用计算机去偷盗。窃取敏感信息或泄露机密信息和抢劫是一样的。从医院、银行等数据库或其他此类信息中获取个人信息是错误的行为。计算机不应该用于存储被盗信息。

（5）你不应该用计算机传播错误信息。因为互联网，信息的传播已经变得日益恶化。虚假信息或新闻可以通过社交网站或电子邮件迅速传播。直接或间接参与流通虚假信息在伦理上是错误的。

（6）你不应该复制或使用你没有购买的软件。像其他艺术或文学作品一样，软件受版权保护。代码是创建它的人的作品，除非其宣布放弃版权。如果开发者为他所在的组织编写软件，则该组织拥有版权。获取软件的非法副本或鼓励他人非法复制都是不道德的。

（7）你不应该使用他人的计算机资源，除非你得到了准许或者作出了补偿。破解其他用户的密码从而侵入其私人空间是不道德的。未经授权访问您无权访问的计算机或数据不符合道德标准。

（8）你不应该剽窃他人的知识产品。对一个作为其他人的智力输出的作品要求所有权是错误的。如果开发者正在组织中工作，则程序是组织的财产。对不属于你的工作建立所有权、复制它们并以自己的名义传播它们是不道德的。这适用于任何创意工作、程序或设计。

（9）你应该注意你正在写入的程序和你正在设计的系统的社会影响。计算机软件发布量可能极为庞大，游戏或教育等软件可能会对用户造成社会影响。在制作软件时，开发者有责任了解他的目标受众及其对他们的影响。软件开发商应该考虑其代码对整个社会的影响。

（10）你应该始终注意，你使用计算机时是在进一步加强你对其他人的理解和尊敬。在现实世界中遵循的沟通礼仪也适用于通过互联网的沟通。不应该侵犯他人的私人空间，使用辱骂的语言，作出虚假的陈述或对他人传递不负责任的言论。在通过网络进行沟通时应该有礼貌，并应尊重他人的时间和资源。另外应该考虑新手用户。

学习笔记

课前准备

主　题：信息行业职业素养

在信息技术日益成为各个领域及各项社会事务中心角色的今天，那些直接或间接从事软件设计和软件开发的人员，有着既可从善也可从恶的极大机会，同时还可影响周围其他从事该职业的人的行为

课前测：

1．职业素养是劳动者对社会职业了解与适应能力的一种综合体现，主要表现在（　　）。

A．职业兴趣　B．职业能力　C．职业个性及职业情况　D．上述所有

2．影响和制约职业素养的因素包括：（　　）、工作经历以及自身的一些基本情况（如身体状况等）。

A．受教育程度　B．实践经验　C．社会环境　D．上述所有

3．职业素养的基本特性主要包括其职业性、（　　）和发展性。

A．稳定性　B．内在性　C．整体性　D．上述所有

4．IEEE/ACM研究的《计算学科教学计划》将“（　　）的问题”列入计算学科主领域中，以强调它对计算学科的重要作用和影响。

A．社会和职业　B．职业和道德　C．职业和经验　D．道德和经验

课前思考：

1．利用信息化手段办公、生活，哪些信息处理行为是不合适的？

2．你的朋友中有信息行业从业人员吗？分享一下他们的从业故事。

工作任务布置

学习情境	信息行业职业素养
工作任务	无领导小组面试初体验
工作任务描述	无领导小组面试是一种采用情景模拟的方式对学生进行集体面试的考察方式，可以通过学生在给定情景下的应对危机、处理紧急事件以及与他人合作的状况判断该学生的基础职业素养。通过分组组织无领导小组面试，训练学生的团队协调能力，特别是训练信息类职业素养
任务分解	1. 师生分享信息从业人员、信息技术使用者的故事。 2. 讲解“无领导小组面试初体验”游戏规则。 3. 从以下“无领导小组面试初体验”经典案例中选择合适案例进行无领导小组面试体验。 （1）现在发生海难，一游艇上有八名游客等待救援，但是现在直升机每次只能够救一个人，游艇已坏，不停漏水。寒冷的冬天，刺骨的海水。游客情况： 将军，男，69 岁，身经百战。 外科医生，女，41 岁，医术高明，医德高尚。 大学生，男，19 岁，家境贫寒，参加国际奥赛获奖。 大学教授，50 岁，正主持某个科学领域的项目研究。 运动员，女，23 岁，奥运金牌获得者。 经理人，35 岁，擅长管理，曾将一个大型企业扭亏为盈。 小学校长，53 岁，男，劳动模范，五一劳动奖章获得者。 中学教师，女，47 岁，桃李满天下，教学经验丰富。 请将这八名游客按照营救的先后顺序排序。 （2）假设你是某公司的业务员，现在公司派你去某个经济欠发达国家销毁一卡车过期面包（不会致命的，无损于身体健康）。在行进途中，刚好遇到一群饥饿的难民堵住了去路，因为他们坚信你所坐的卡车里有能吃的东西。 这时报道难民动向的记者也刚好赶来。对于生活困难的人来说，他们肯定是要解决饥饿问题；对于记者来说，他是要报道事实的；对于业务员来说，你是要销毁面包的。 现在要求你既要解决难民的饥饿问题，让他们吃这些过期的面包（不会致命的，无损于身体健康），以便销毁这些面包，又要不让记者报道过期面包这一事实？请问你将如何处理？ （3）其他“无领导小组面试”案例

课堂学习记录

工作任务：无领导小组面试初体验

课堂笔记：

课后问题记录：

1. ______________________________

____

2. ______________________________

____

3. ______________________________

____

学习小组活动记录表

<table>
<tr><td>讨论主题</td><td colspan="3"></td><td>日期</td><td></td></tr>
<tr><td>班级</td><td></td><td>组号</td><td></td><td>组长</td><td></td></tr>
<tr><td>组员</td><td colspan="5"></td></tr>
<tr><td>前期规划与安排</td><td colspan="5"></td></tr>
<tr><td>实施情况及呈现方式描述</td><td colspan="5"></td></tr>
<tr><td>实施后反思</td><td colspan="5"></td></tr>
<tr><td>改进方向</td><td colspan="5"></td></tr>
</table>

点亮“星星”——评分汇总表

讨论主题		日期	
班级		组号	
星星事项			
1			☆
2			☆
3			☆
4			☆
5			☆
6			☆
收获我来说			
组员互评			
教师点评			

第十五章　信息工匠精神与工程教育

周次：12~13 周　课时：4 课时

导 语

我国经济要靠实体经济作支撑，这就需要大量专业技术人才，需要大批大国工匠。不论是传统制造业还是新兴制造业，不论是工业经济还是数字经济，高技能人才始终是中国制造业的重要力量，他们身上蕴藏的工匠精神始终是创新创业的重要精神源泉。截至 2020 年底，全国技能劳动者超过 2 亿人，高技能人才超过 5 000 万人。实践充分证明，技术工人队伍是支撑中国制造、中国创造、中国建造的重要基础，对推动经济高质量发展具有重要作用。大力弘扬工匠精神，培养更多高素质技术技能人才、能工巧匠、大国工匠，才能为全面建设社会主义现代化国家、实现中华民族伟大复兴的中国梦提供有力人才和技能支撑。

工匠精神（Craftsman's Sprit）是指在制作或工作中追求精益求精的态度和品质，是职业道德、职业能力、职业品质的体现，是从业者的一种职业价值取向和行为表现。“工匠精神”对于个人，是干一行、爱一行、专一行、精一行，务实肯干、坚持不懈、精雕细琢的敬业精神；对于企业，是守专长、制造精品、创技术、建标准，持之以恒、精益求精、开拓创新的企业文化；对于社会，是讲合作、守契约、重诚信、促和谐，分工合作、协作共赢、完美向上的社会风气。

工匠精神是千百年来工匠在劳动实践中展现出来的风采和神韵，体现了技术尖兵的优秀品质。工匠精神承载着职业精神的核心价值，实质是专注、精进、乐业。

第一，我只做这一件事。我们内心尊敬的匠人，他们一生都只做一件事，这件事是他的兴趣所在，就像是他们生命的一部分。当然工匠精神的表现不止于此，还有更多的人表现在“干一行爱一行”，在国家的建设中，曾有无数的劳动者就像是螺丝钉，祖国需要在哪里，就把自己钉在哪里。除此之外，工匠精神还有当下的意义，即只做当下这件事，不分心，不受外来干扰。由此可见，工匠精神的第一要义是专注，即专注于要做的事，无论这件事是他自己喜欢的、追求的，还是外部要求的、组织需要的，做的时候就不分心，全力以赴。

第二，我要把它做得越来越好。把事情做得越来越好是一种态度，表明对自己所承担的事务负责，它更是一种“向好”的思维，背后是反思的习惯，即通过反思不断做出行动的改进。我们发现，那些有反思习惯的人往往有自己内心的“要求”，他做事的标准总是高于他人，这是一种很了不起的标准，正是这样的标准引导着做事的结果不断“向好”。因此工匠精神的第二要义是精进，即在原来的基础上做得更好，有了这种精神，即便是起点低、水平差，输出的结果也会不断“优化”，由不完美走向完美。

第三，我乐在其中。那些真正的工匠与一般人相比有一个重要的特征，他们工作乐在其中。这种乐有几个层次的成分，首先是一种“参与其中的乐”，只要做这件事，他就是快乐的；其次是一种“获得成就的乐”，当作品完成，达到自己内心要求时体验到的满足；再其次是一种“自我成长的乐”，通过自己的努力，服务他人的能力不断提升，为人处世达到了新境界。因此，工匠精神的第三个要义是乐业，不论做什么，都积极体验其中的乐趣，并通过主动赋予意义，获得工作动力的输入，成为一个有自我工作动机的人。

“心心在一艺，其艺必工；心心在一职，其职必举。”大力弘扬工匠精神，需要褒扬工匠情怀、厚植工匠文化，引领劳动者在本行业和本领域担大任、干大事、成大器、立大功。“择一事终一生”的执着专注，“干一行钻一行”的精益求精，“偏毫厘不敢安”的一丝不苟，“千万锤成一器”的卓越追求……无论从事什么劳动，都要以勤学长知识、以苦练精技术、以创新求突破，努力成为知识型、技能型、创新型劳动者。三百六十行，行行出状元。一切劳动者，只要肯学肯干肯钻研，练就一身真本领，掌握一手好技术，就能立足岗位成长成才，就都能在劳动中发现广阔的天地，在劳动中体现价值、展现风采、感受快乐。立足岗位、奋发有为，把工匠精神倾注于一个个零件、一道道工序、一次次试验，必将推动工人阶级和广大劳动群众用实干成就梦想，在平凡中彰显不凡，汇聚砥砺奋进的强劲动能。

学习笔记

教学实施表

实施环节			教师活动	学生活动	活动要点	建议时长
第1次课	课前	“工匠精神”认知导入	准备工匠类相关的视频、文字资料 发布课前任务	阅读课前准备资料 观看课前准备视频 观看《大国工匠》《了不起的匠人》	引导学生认知“工匠精神”	30 min
	课中	课前任务检测	设置检测任务 引入讨论主题	完成课前测 讨论思考题	引导学生领会工匠精神要点	25 min
		情境导入	讲好身边同学就业故事 抛出工作任务，讨论任务解决重点	思考工作任务中需解决的具体问题? 讨论工作任务中解决问题的途径?	通过对工匠精神认知，尝试解决具体问题	30 min
		组队探讨	设置分组标准 根据班级情况指导分组实施 设计小组分享框架	按分组标准组队 讨论分享框架及组内分工情况、前期准备与安排	设想每个工匠在小组中的作用	25 min
	课后	制作分享素材	指导、处理分享视频、PPT 制作过程中的问题	按分工制作分享素材，做好过程记录	体会小组成员在分组中的重要性	课后时间
		分享演练	指导演练过程中的问题	帮助分享同学多次演练	发挥每个工匠在小组中的作用，体会工匠精神的实际应用	课后时间
第2次课	课前	第 1 次课课后				
	课中	情境回顾	梳理上节课内容 分享各组分享素材制作过程中的趣事	回顾对工匠精神认知	引入主题	10 min
		分享讨论	组织小组分享 控制小组分享节奏	小组分享 做课堂笔记	分享解决办法，阐述观点	60 min
		总结点睛	总结点评，点亮“星星” 引出什么是工匠精神	讨论收获 实施自评、互评 设想步入职场，工匠精神怎么体现	总结梳理 收获素养	10 min
	课后	回顾反思	分享工匠类纪录片资料及小故事	观看分享内容	固化收获 指导行为	课后时间

课前资料

曾经，工匠是国人日常生活须臾不可离的职业，木匠、铜匠、铁匠、石匠、篾匠等，各类手工匠人用他们精湛的技艺为传统生活景图定下底色，为传承千年的古老文化找到实体依托。

人物故事

顾春燕——2007 年，刚刚从正德职业技术学院（江苏南京）毕业的顾春燕加入了中国电科十四所做组装工作，为了能胜任这份工作，她苦练自己的技术，终于在所有人中技艺最为精湛。就在这一年，她和自己的九名同事组装完成了我国的第一部星载相控阵雷达的上千个零部件的工作。这份工作对于刚刚毕业的她，起到了很大的鼓舞作用，使得她在中国雷达事业，这条道路上走得越来越远，越来越精。

顾春燕的工作内容相当有技术难度：用比头发丝还细的金线，将芯片与外部电路连通，这种工艺称为金线键合。和传统意义上的焊接不同，这种工艺通过针尖的超声震动，使得金线与焊盘形成分子间连接达到微焊接目的，全部流程必须在显微镜下完成。凭借勤奋精进的干劲和“干一行，爱一行”的职业操守，顾春燕在平凡的岗位上一干就是十二年，磨炼出了精湛的操作技术和全面的技能，成为单位在微组装等方面的领军人才。

2014 年，我国正在建设高分三号卫星，这个卫星对组装工作的要求十分严苛，只要出现了 5 μm 的误差，都会造成严重后果。顾春燕用她精湛的技术，成功地装配了这颗卫星。2016 年，这颗卫星成功发射，标志着我国在卫星遥感方面取得了很大进步。后来的各种装配工作中都有顾春燕的身影，那些关系国家安全的高精度仪器装配工作，更是少不了她。她多次获得“优秀工作者”“三八红旗手”等荣誉称号。作为十四所微组装首席技能专家的她，担负着所有研制性产品的首件全流程作业任务。她用自己的一双巧手，串联起我国最尖端雷达的核心。从我国的航母和驱逐舰上的“海之星”，到新一代战机火控雷达，一枚枚中华神盾捍卫着祖国的国防安全，一双双战鹰之眼在顾春燕的手中被轻轻点亮。

顾春燕的故事还得到了中央电视台《大国工匠 • 匠心报国》等栏目的专题报道。工匠精神对于顾春燕来说，就是将手中的作品做到极致。

胡耿军“自信走我路”视频

胡耿军——2016 年入读广州市机电技师学院机电一体化（自动化方向）五年制专业。他与来自云南技师学院的代表选手联手参加移动机器人项目，一举摘得第 45 届世界技能大赛移动机器人项目金牌，以 763 分的高分，打败此前五连冠得主韩国队，实现了中国在该项目上金牌零的突破。

如何从一个技术“小白”变身世赛移动机器人金牌选手？胡耿军给出的答案是——最纯粹的热爱，不服输的拼搏。胡耿军来自揭阳市一个普通农村家庭，父亲是一名维修电工。年幼的他依葫芦画瓢，把自家的音响、电扇、电视从头拆了个遍，依然无法满足自己的好奇心和求知欲。初中毕业后入读广州市机电技师学院，在机电一体化（自动化方向）专业上了第一堂课时，他第一次接触到多轴加工机床、智能交互移动机器人、无人机等“高大上”的智能制造设备，便敏锐地察觉到机器动作背后蕴藏的无限可能。在他的教练庞春看来，胡耿军的沉稳与成熟令他影响深刻，“在平时训练过程中，当遇到困难和意外时，我们教练团队一时还没反应过来，他已经找出解决方法了。”

能让教练放心，胡耿军付出了常人难以想象的努力。“00 后”的他，是最晚进入学校世赛集训队的种子选手。为了尽快赶上进度，他严格要求自己“做最早到的鸟儿，最晚归的夜猫”。

在训练备战期间，胡耿军每天最少训练 12 个小时，甚至为了练习一个基本步骤练到凌晨两三点，对于移动机器人各个环节操作要领烂熟于心。

精益求精的工匠精神就应该是“99 分都算不及格”。起步晚，就在别人休息的时候恶补；零基础，就要不断虚心请教。胡耿军自始至终都把这个作为座右铭严格要求自己。

与胡耿军一并组成队友参赛的是来自云南技师学院的郑棋元，他们面对的是由韩国队制霸长达 5 届之久的移动机器人项目。据教练庞春介绍，该项目要求参赛选手围绕机器人的机械和控制系统，考核设备设计、生成、装配、组建、编程、管理和保养机器人内部的机械、电路、控制系统的能力，既要求有过硬扎实的机器人硬件组装、软件编程的技术功底，还要沉着冷静、随机应变。对手的强大让他在现场感到“有点挑战”，不过更大的挑战来自自身。“出现了一些操作失误，整个过程回想起来还是险之又险。”胡耿军坦言，克服困难的关键在于两个人的配合默契，“平时积累方面已经做到极致，临场关键看心态调整和配合程度。”

最终，胡耿军与队友设计的移动机器人在稳定性、组装速度和工作效率上优势突出，一举摘得该项目的金牌。

学习笔记

课前准备

主　题：你我眼中的工匠精神

工匠精神（Craftsman's Sprit）是指在制作或工作中追求精益求精的态度和品质，是职业道德、职业能力、职业品质的体现，是从业者的一种职业价值取向和行为表现

课前测：

1．大国工匠“顾春燕”的工作难度是什么？

2．第 45 届世界技能大赛在（　　）举行。

A．日本东京　　B．俄罗斯喀山　　C．中国上海　　D．德国柏林

3．下面对于第 45 届世界技能大赛中国代表队获奖情况的描述正确的是（　　）。

A．在获得金牌的项目中，数控铣、焊接 2 个项目实现金牌“二连冠”

B．中国代表团共获得 16 枚金牌、14 枚银牌、5 枚铜牌和 17 个优胜奖，再次荣登金牌榜、奖牌榜、团体总分第二

C．中国代表团共获得 16 枚金牌、14 枚银牌、5 枚铜牌和 17 个优胜奖，再次荣登金牌榜、奖牌榜、团体总分第一

D．获得铜牌的项目包括信息网络布线、机电一体化、飞机维修等

课前思考：

1. 有很多关于工匠的纪录片，比如《遇见工匠》《了不起的匠人》等，你看后哪些内容触动了你？

2．在日常生活中，哪一种工匠让你影响最深刻？为什么？

工作任务布置

学习情境	信息工匠精神与工程教育
工作任务	你我眼中的工匠精神
工作任务描述	工匠精神是社会文明进步的重要尺度、是中国制造前行的精神源泉、是企业竞争发展的品牌资本、是员工个人成长的道德指引。“工匠精神”就是追求卓越的创造精神、精益求精的品质精神、用户至上的服务精神。作为信息工匠，通过师生讲好身边信息工匠故事，引导学生提炼信息工匠具备的精神本质，找寻自我努力奋斗方向
任务分解	1．分组：由 4~5 名同学组成一个讨论小组。 2．小组内分享身边经典信息工匠故事（同学、朋友的信息工匠故事）。 3．通过组内每位同学的分享，组内讨论分析信息工匠具备的共性精神本质，探讨如何克服困难，提升自身工匠素养的途径。 4．将讨论结果用思维导图的形式呈现，完成“我们身边的工匠精神”课堂汇报

课堂学习记录

工作任务：你我眼中的信息工匠精神
课堂笔记：
课后问题记录： 1. ________ 2. ________ 3. ________

学习小组活动记录表

讨论主题				日期	
班级		组号		组长	
组员					
前期规划与安排					
实施情况及呈现方式描述					
实施后反思					
改进方向					

点亮“星星”——评分汇总表

讨论主题		日期	
班级		组号	
星星事项			
1			☆
2			☆
3			☆
4			☆
5			☆
6			☆
收获我来说			
组员互评			
教师点评			

第十六章　信息安全初识

周次：14 周　课时：2 课时

导　语

当今世界，信息技术发展日新月异，对国际政治、经济、文化、社会、军事等领域发展产生了深刻影响。信息化和经济全球化相互促进，互联网已经融入社会生活方方面面。2022 年 8 月 31 日，中国互联网络信息中心（CNNIC）发布了第 50 次《中国互联网络发展状况统计报告》。根据统计报告，截至 2022 年 6 月，我国网民规模已达 10.51 亿，农村地区互联网普及率达 58.8%, 现有行政村已实现“村村通宽带”。随着网民规模持续提升，我国网络接入环境更加多元，网民使用手机上网的比例高达 99.6%，网民人均每周上网时长为 29.5 个小时。今天的互联网早已成为人们学习、工作、生活的新空间，成为人们获取公共服务的新平台。

“数字红利”加快释放，“互联网 +”深入生活，越来越多的人享受到了网络和信息化的发展成果。互联网的发展在造福人们生活的同时也潜藏风险。全球知名网络企业被曝遭黑客攻击，涉及近 5 000 万用户；某著名连锁酒店有超过 1.3 亿入住用户的数据包被非法出售，泄露数据总数高达 5 亿条，非法交易信息形成黑色产业链，并不断趋于利益化、群体化、复杂化，使个人网络信息面临泄露风险……信息安全威胁和风险日益突出，并逐渐向政治、经济、文化、社会、生态、国防等领域不断渗透。

近年来，我国信息安全法治建设取得突破性进展。2016 年 11 月，《中华人民共和国网络安全法》（以下简称《网络安全法》）高票通过，成为我国网络安全领域的首部专门法律，为依法治网、化解网络风险提供了法律武器。2017 年 3 月，十二届全国人大五次会议通过《中华人民共和国民法总则》，明确对个人信息、数据、虚拟财产予以保护。2021 年 11 月 1 日，《中华人民共和国个人信息保护法》（以下简称《个人信息保护法》）正式实施，为公民个人网络信息安全提供了强有力的法治支撑。《个人信息保护法》与《网络安全法》《中华人民共和国数据安全法》多管齐下，既加强了我国网络安全与数据安全的顶层设计，又为个人网络信息保护织就了一张严密法网。

但同时我们也应认识到，网络安全与信息安全不仅是网络安全专家的责任，信息时代赋予了每个人守护网络安全与信息安全的使命和义务。我们广大网民要提升网络安全意识和风险防范能力，配合政府及社会组织共筑网络安全防线，只有守护好信息安全，才能让人们在数字化生活中畅行无忧、让互联网健康有序发展。

教学实施表

实施环节			教师活动	学生活动	活动要点	建议时长
共1次课	课前	“信息安全”认知导入	准备课前预习学习资料 发布课前测试题	阅读课前准备资料 通过小组讨论和查阅资料，完成课前预习	对“信息安全”建立基本认知	
	课中	情境导入	介绍什么是信息安全；“信息安全”与“网络安全”有哪些区别 详细介绍信息的完整性、保密性、可用性、不可否认性和可控性	讨论思考 完成课堂学习笔记	对信息安全及其重要性建立全面认知	35 min
		反转课堂	引导学生通过个人经历分享，分析个人信息安全存在的问题	分享日常生活中个人信息安全的遭遇和隐患	建立对个人信息保护的基本认知	20 min
		情境导入	对《个人信息保护法》进行简要解读 介绍如何保护个人的信息安全	讨论并思考 完成课堂学习笔记	了解如何通过法律手段捍卫自己的权利、保护自己的个人信息	35 min
	课后	笔记整理	指导学生做好学习笔记的整理 指导学生完成一份“个人信息保护”主题的海报制作	完成“个人信息保护”主题的海报制作 做好任务分工及完成情况记录	进一步提升信息安全的认识，强化对个人信息保护的意识	

信息的定义

在人类社会的早期，人们对信息的认识比较肤浅和模糊，到20世纪特别是中期以后，科学技术的发展特别是信息科学技术的发展，对人类社会产生了深刻的影响，迫使人们开始探讨信息的准确含义。

那到底什么是信息呢？下面先看一看与信息概念关系特别密切，但又容易混淆的其他概念：

信息不同于消息。消息是信息的外壳，信息则是消息的内核。也可以说消息是信息的笼统概念，信息则是消息的精确概念。

信息不同于信号。信号是信息的载体，信息则是信号所载荷的内容。

信息不同于数据。数据是记录信息的一种形式，同样的信息也可以用文字或图像来表述。当然在计算机中所有多媒体文件都是用数据表示的，计算机和网络上信息的传递都以数据的形式进行，此时信息等同于数据。

信息不同于情报。情报通常是指秘密的、专门的、新颖的一类信息，可以说所有情报都是信息，但不能说所有信息都是情报。

信息也不同于知识。知识是由信息抽象出来的产物，是一种具有普遍和概括性的信息，是信息的一个特殊子集，也就是说知识就是信息，但并非所有的信息都是知识。

结合以上分析，自己想一想，什么是信息，信息都有哪些独特的性质与功能？

信息安全的定义

信息作为一种资源，它的普遍性、共享性、增值性、可处理性和多效用性，使其对于人类具有特别重要的意义。人们在享受信息资源所带来巨大利益的同时，也面临着信息安全的严峻考验，信息安全已经成为世界性的问题。

信息安全是指通过采取措施对信息系统的软硬件、数据及依托其开展的业务进行保护，使得它们不会由于偶然的或者恶意的原因而遭到未经授权的访问、泄露、破坏、修改、审阅、检查、记录或销毁，保证信息系统连续可靠地正常运行。信息安全是任何国家、政府、部门、行业都必须十分重视的问题，是一个不容忽视的国家安全战略。

根据国际标准化组织的定义，信息安全性的含义主要是指信息的完整性、保密性、可用性、不可否认性和可控性。

1. 完整性

完整性是指信息在存储或传输过程中保持未经授权不能改变的特性，即对抗主动攻击，保证数据的一致性，防止数据被非法用户修改和破坏。对信息安全发动攻击的最终目的是破坏信息的完整性。

2. 保密性

保密性是指信息不被泄露给未经授权者的特性，即对抗被动攻击，以保证机密信息不会泄露给非法用户。

3. 可用性

可用性是指信息可被授权者访问并按需求使用的特性，即保证合法用户对信息和资源的使用不会被不合理地拒绝。对可用性的攻击就是阻断信息的合理使用，例如破坏系统的正常运行就属于这种类型的攻击。

4. 不可否认性

不可否认性又称不可抵赖性，即所有参与者都不可能否认或抵赖曾经完成的操作和承诺。发送方不能否认已发送的信息，接收方也不能否认已收到的信息。

5. 可控性

可控性是指对信息的传播及内容具有控制能力的特性。授权机构可以随时控制信息的机密性，能够对信息实施安全监控。

信息安全的任务就是要实现信息的上述 5 种安全属性，对于攻击者来说，就是要通过一切可能的方法和手段破坏信息的安全属性。

个人信息安全面临的风险

随着移动互联网、物联网、云计算、大数据及人工智能等新兴信息技术的发展和智慧城市建设的加速推进，智慧城市建设中的各行各业为了改善管理、扩大营销、提升客户体验的需要，无不在收集、处理和利用民众的个人信息，个人信息已经成为智慧城市产业链上的重要资产，其经济价值和商业价值更加凸显。个人的姓名、身份证号、信用卡号、婚姻、教育、医疗、经济活动等公民个人信息已成为各大厂商争相抢夺的香饽饽。

1. 物联网的应用和个人信息安全风险

物联网技术架构在现在的互联网架构之上，结合射频识别装置、红外感应器、全球定位系统等装置，随时随地将人与物、物与物相互连接在一起，实现智能化识别和管理。物联网对数据的收集和整合，在一定程度上推动了大数据时代的来临，其应用范围非常广泛。物联网技术大力发展的一个重要挑战，就是其会对个人信息和隐私安全产生较大影响。因为个人对经过物联网技术所收集的个人信息的处理和利用无法实现有效的控制。另外，物联网的运营将会使得个人信息的收集、处理与交换变得相当频繁，并且为了使系统实现高效率的运作，授权系统自动决定的情况将不可避免，这将大大降低个人对于其个人信息的控制程度。

2. 云计算的应用和个人信息安全风险

云计算是一种由远程服务提供商通过信息通信网络提供信息服务的新兴信息资源利用方式。虽然它并非全新的技术，却是一种崭新的商业服务模式。它的特征是用户通常不需要在本地计算机上安装特殊软件，仅仅使用一般的浏览器就可以使用相关的服务。云计算对于个人信息安全所产生的威胁主要分为两类：第一类是源自对个人信息缺乏掌控所带来的威胁。在云计算服务的架构下，服务使用者将个人信息上传到云端服务器后，可能无法拥有一般数据控制者对个人信息所能享有的控制能力，包括无法采取必要的技术和管理措施确保数据的可用性、完整性、秘密性、透明性、可移植性及可干预性。云端服务器存储着大量数据，很容易成为黑客病毒等的非法攻击目标。第二类是云端服务缺乏透明度，特别是缺乏对云端服务提供商如何处理、利用存储于云端的个人信息的了解，可能的风险。

3. 大数据的应用和个人信息安全风险

大数据是指所涉及的数据规模庞大且复杂，超越一般数据库软件工具所能收集、存储、处理、分析的数据，以致难以利用传统方式处理数据，必须通过新型硬件、软件和算法加以管理和分析。大数据所带来的最大风险是个人信息安全和隐私问题及对策。新兴信息技术的发展和应用使得个人信息的收集处理与传播更为快速，更难以掌握。社交网络的出现，使得个人信息安全和隐私更容易遭受威胁。

首次被收集的信息或者单一信息可能不会泄露用户隐私，但通过功能强大的网络搜索引擎特定的个人信息将更有效率地在不被个人信息主体知悉的情况下被收集。一旦个人信息被上传到互联网上，将难以被彻底消除。同时随着数据存储成本的逐年下降，数据来源和内容将更为丰富。通过大数据分析技术，会使得个人信息的收集、处理和利用几乎不受时间空间的约束，越来越难了解何人在收集个人信息及个人信息将如何在何时被何人开发利用，这就引发有关个人信息安全风险的担忧。虽然现在正在兴起的个人信息去识别化技术可以在一定程度上保护个人信息安全，但是大数据分析技术中高效、强大的演算能力，仍然可以从非敏感的个人信息中分析出敏感的个人信息，甚至存在着恢复原始数据的可能性。

4. 生物识别技术的应用和个人信息安全风险

生物识别技术包括人脸识别、虹膜识别、声纹识别、指纹识别等。2019 年 10 月，郭某一纸诉状将 ×× 野生动物世界告上法院，起因是人脸识别，当时 ×× 野生动物世界的年卡取消指纹识别，改为经注册的人脸识别才能正常入园，郭某认为人脸识别属个人敏感信息不同意此举，并要求退卡协商无果后，遂将 ×× 野生动物世界诉至人民法院，该案作为中国人脸识别第一案，引发了社会广泛的关注。随着信息技术的不断进步，生物识别技术应用越来越广泛，这些个人生物信息非常重要，因此对个人信息保护的要求也越来越高。

保护信息安全的五个实用技巧

1. 使用密码管理器

如今最大的安全风险之一是密码重复使用。如果用户给多个账户使用同样的电子邮件和密码，一旦其中一个账户泄密，攻击者就可以利用这些信息入侵用户的其他账户。为每个账户设置不重复的强密码可以防止这种情况发生，但是记住不同的密码有些困难。密码管理器可以创建随机的强密码、存储信息，并自动填写网站和软件上的登录信息。

2. 启用双重身份验证

现在大多数平台都提供双重身份验证功能，尤其是在处理较敏感的个人数据时。双重身份验证要求用户在登录之前通过两种方式确认账户：一是使用用户名和密码，二是使用授权工具。双重身份验证通常会要求用户输入一个代码，该代码在用户首次尝试登录设备时通过短信或电子邮件发送给用户，或者从支持双重身份验证的应用程序获取代码，再或者连接一个专门用于账户验证的安全设备。没有该代码，即使黑客获得了用户的登录信息，也无法入侵用户的账户。

3. 使用安全软件

除了确保在线账户的安全，还要关注个人计算机的安全，使用安全软件很有必要。除了操作系统自带的安全软件或工具，还可以使用一些收费的安全软件，这类软件不仅具备防止病毒攻击的保护功能，还提供防范恶意广告的工具、更高级的防火墙、针对多台设备的家庭保护、VPN 访问及更多功能。

4. 使用二级标准账户

许多恶意软件企图潜入计算机系统，它们的“目标”便是管理员账户，因为只有管理员账户才能在系统中安装软件。为提高安全性，请使用管理员账户为计算机设置需要的所有软件，随后使用二级标准账户处理日常事务。当需要安装新的软件时，可以切换到管理员账户进行操作。如果与别人共享计算机，一定要为他们设置标准账户。

5. 备份数据

另外，备份数据至关重要，如果病毒设法突破了计算机的防线，备份可以帮助用户恢复任何丢失的数据。备份数据的方法很多，可以创建整个操作系统的“镜像”，可以使用在线备份服务，还可以定期将关键文件转移到外部硬盘驱动器中。与用户体验友好的收费工具相比，免费工具的使用过程相对烦琐，但是同样有效。

学习笔记

课前准备

主　题：信息安全初识

信息安全就是关注信息本身的安全，其根本任务是保护信息财产，以防止偶然的或未经授权对信息的恶意泄露、修改和破坏，从而导致信息的不可靠或无法处理

中华人民共和国个人信息保护法学习心得

课前测：

1. 网上银行系统的一次转账操作过程中发生了转账金额被非法篡改的行为，这破坏了信息安全的（　　）属性。

A. 保密性　　B. 完整性　　C. 不可否认性　　D. 可用性

2. 信息安全领域内最关键和最薄弱的环节是（　　）。

A. 技术　　B. 策略　　C. 管理制度　　D. 人

3. 不能有效减少收到垃圾邮件数量的方法是（　　）。

A. 尽量不要在公共场合留下自己的电子邮件地址

B. 采用垃圾邮件过滤器

C. 安装入侵检测工具

D. 收到垃圾邮件后向有关部门举报

课前思考：

1. 你有没有遭遇过个人信息安全的威胁，请举例说明。

2. 在个人信息安全领域，你认为哪些手段可以帮助你提高个人信息的私密性？

工作任务布置

学习情境	信息安全初识
工作任务	“个人信息保护”主题的海报制作
工作任务描述	21世纪是一个信息爆炸的时代，互联网成为我们获取各类信息的主要渠道，同时，网络信息安全问题也日渐突出。其中个人信息的泄露严重影响人民的生命财产安全，扰乱社会秩序。为了让更多的同学关注个人信息安全，知道如何有效保障个人信息安全，以“个人信息保护”为主题制作一份海报 “个人信息保护”主题的海报制作
任务分解	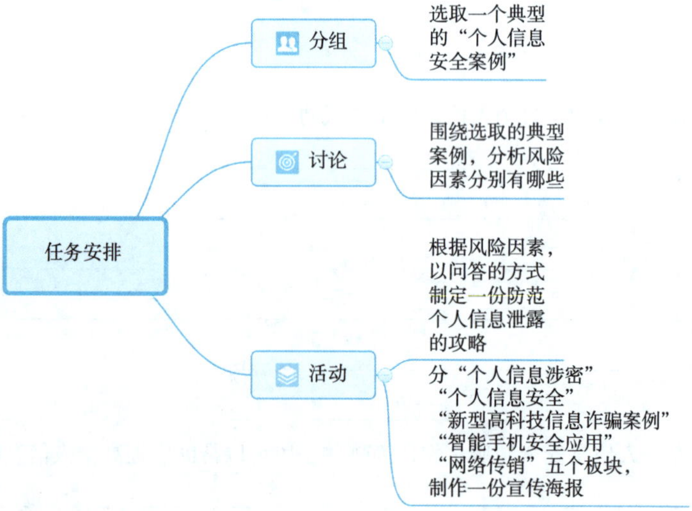 任务安排 分组：选取一个典型的“个人信息安全案例” 讨论：围绕选取的典型案例，分析风险因素分别有哪些 活动：根据风险因素，以问答的方式制定一份防范个人信息泄露的攻略；分“个人信息涉密”“个人信息安全”“新型高科技信息诈骗案例”“智能手机安全应用”“网络传销”五个板块，制作一份宣传海报

课堂学习记录

工作任务：

课堂笔记：

课后问题记录：

1. ______________________________

2. ______________________________

3. ______________________________

学习小组活动记录表

<table>
<tr><td>讨论主题</td><td colspan="3"></td><td>日期</td><td></td></tr>
<tr><td>班级</td><td></td><td>组号</td><td></td><td>组长</td><td></td></tr>
<tr><td>组员</td><td colspan="5"></td></tr>
<tr><td>前期规划与安排</td><td colspan="5"></td></tr>
<tr><td>实施情况及呈现方式描述</td><td colspan="5"></td></tr>
<tr><td>实施后反思</td><td colspan="5"></td></tr>
<tr><td>改进方向</td><td colspan="5"></td></tr>
</table>

点亮“星星”——评分汇总表

<table>
<tr><td>讨论主题</td><td></td><td>日期</td><td></td></tr>
<tr><td>班级</td><td></td><td>组号</td><td></td></tr>
<tr><td colspan="4">星星事项</td></tr>
<tr><td>1</td><td colspan="2"></td><td>☆</td></tr>
<tr><td>2</td><td colspan="2"></td><td>☆</td></tr>
<tr><td>3</td><td colspan="2"></td><td>☆</td></tr>
<tr><td>4</td><td colspan="2"></td><td>☆</td></tr>
<tr><td>5</td><td colspan="2"></td><td>☆</td></tr>
<tr><td>6</td><td colspan="2"></td><td>☆</td></tr>
<tr><td>收获我来说</td><td colspan="3"></td></tr>
<tr><td>组员互评</td><td colspan="3"></td></tr>
<tr><td>教师点评</td><td colspan="3"></td></tr>
</table>

第十七章　信息犯罪与立法

周次：15~16 周　课时：4 课时

导　语

网络的高度普及，信息技术的飞速发展，深刻影响着社会历史发展进程。信息无处不在，充斥着人类生活的方方面面，移动互联、大数据、云计算、人工智能等技术，在给人们生活带来便利的同时，也伴随着严峻的信息安全问题。随着信息革命的飞速发展，互联网、通信网、计算机系统、自动化控制系统、数字设备以及承载的应用、服务、数据等组成的网络空间，由此造成的信息社会形态，正在全面地改变国与国之间、人与人之间的生产、生活和交往方式，也深刻地影响着人类社会发展的历史进程。然而由于人们对信息的高度依赖，伴随而来的是严峻的信息安全或者说是网络安全问题。

学习笔记

教学实施表

实施环节			教师活动	学生活动	活动要点	建议时长
第1次课	课前	"信息犯罪"认知导入	准备信息犯罪及立法相关的视频、文字资料 发布课前任务	阅读课前准备资料 观看课前准备视频	让学生对什么是信息犯罪有初步的认识	25 min
	课中	课前任务检测	布置课前思考任务 引入讨论主题	讨论思考任务	引导学生梳理当前信息犯罪的类型、发展趋势	25 min
		情境导入	讲述听过的关于信息犯罪的案例 梳理中国信息安全及其立法大事件	思考信息犯罪的定义是什么 讨论我国对于信息安全立法的发展历程是什么	通过案例，引导学生总结信息犯罪的特点，并了解目前国际、国内立法现状	40 min
		组队探讨	设置分组标准 根据班级情况指导分组实施 设计小组分享框架	按分组标准组队 讨论分享框架及组内分工情况、前期准备与安排	引导学生能联系实际，结合相关立法知识，增强法律意识	25 min
	课后	制作分享素材	指导、处理分享视频、PPT 制作过程中的问题	分小组，根据所学内容，每个小组选择一个视角，制作分享素材	思考并提出防范信息犯罪的建议	课后时间
第2次课	课前	第 1 次课课后				
	课中	情境回顾	梳理上节课内容	回顾对信息犯罪和立法的认知	引入主题	15 min
		分享讨论	组织小组分享 控制小组分享节奏	小组分享 做课堂笔记	阐述观点	60 min
		总结点睛	总结点评，点亮"星星" 梳理我国聚焦网络空间或网络安全的立法内容	讨论收获 实施自评、互评	总结梳理 收获素养	15 min
	课后	回顾反思	引导学生高度重视网络安全建设	观看分享内容，引导学生树立正确的信息素养观，增强法律意识	固化收获 指导行为	课后时间

课前资料

一、信息犯罪的相关概念

1. 信息犯罪的由来

信息犯罪的概念最早表述为："高科技犯罪包含了确切意义上的信息犯罪，以及能够导致信息系统、电信系统障碍或允许非法使用的电子部件的假冒或仿制（克隆）。"这一概念，为信息犯罪研究活动开启了一扇通往未来的大门。信息犯罪的提出是为了更好地保护"信息"这一信息时代里最先进的生产力。只有在信息社会中建立和维护好一个良性、稳定、健康的信息社会秩序，信息化的巨大社会推动力才能得以充分发挥，法律的价值才能得以充分体现。因此，可以说，一切以社会信息秩序为侵害对象或者通过信息技术手段实施的严重扰乱社会信息秩序的犯罪，都可以称为信息犯罪。

2. 信息犯罪的法律定义

根据《中华人民共和国刑法》第二百八十七条第二款规定，"帮助信息网络犯罪活动罪"的定义是：明知他人利用信息网络实施犯罪，为其犯罪提供互联网接入、服务器托管、网络存储、通讯传输等技术支持，或者提供广告推广、支付结算等帮助，情节严重的，处三年以下有期徒刑或者拘役，并处或者单处罚金。《最高人民法院、最高人民检察院关于办理非法利用信息网络、帮助信息网络犯罪活动等刑事案件适用法律若干问题的解释》已于2019年6月3日由最高人民法院审判委员会第1771次会议、2019年9月4日由最高人民检察院第十三届检察委员会第二十三次会议通过，自2019年11月1日起施行。以上均对信息网络犯罪的认定进行明确说明。

根据刑法领域的犯罪论体系来看，犯罪构成要件是某行为构成犯罪所必须满足的主客观条件的有机整体，由四个方面构成，即：犯罪主体、犯罪客体、犯罪主观方面、犯罪客观方面，认为符合此四个条件可认定行为构成犯罪。

1）犯罪主体

犯罪主体，指达到刑事责任年龄，具有刑事责任能力，实施危害社会行为的人，单位也可以成为部分犯罪的主体。

2）犯罪客体

关于信息犯罪客体，在我国刑法学界并不存在太大的争议，普遍的观点都认为信息犯罪的客体应当是复杂客体，即信息犯罪行为同时会侵犯两种或两种以上的刑法所保护的社会主义社会关系。另外，目前比较一致的观点是，虽然我国刑法将信息犯罪列入妨害社会管理秩序罪一章，但其侵害的客体并不限于社会管理秩序，也涉及公共安全、公私财产所有权、国防利益等。

3）犯罪主观方面

犯罪主观方面，一般认为是指犯罪主体对自己行为及其危害社会的结果所抱的心理态度。我国刑法学界对故意构成信息犯罪看法一致，而对过失是否构成信息犯罪的争论较大，归根结底就是如何界定这种"过失"。

4）犯罪的客观方面

犯罪的客观方面，是指刑法所规定的、说明行为对刑法所保护的社会关系造成侵害的客观外在事实特征。信息犯罪一般都是通过作为行为而发生危害结果，同时也有一部分信息犯罪行为是通过不作为行为引起的。对于不作为能否构成信息犯罪，目前争论的焦点是对网络信息系统负有管理义务的管理者的不作为犯罪问题。

我国对于信息安全的立法

1. 信息安全立法的初期阶段

我国对信息安全问题的立法始于 1994 年 2 月 18 日，国务院颁布了《中华人民共和国计算机信息系统安全保护条例》，这是我国第一部保护计算机信息系统安全的专门条例。条例指出，计算机信息系统的建设和应用，应当遵守法律、行政法规和国家其他有关规定。任何组织或者个人，不得利用计算机信息系统从事危害国家利益、集体利益和公民合法利益的活动，不得危害计算机信息系统的安全。至此，公安部也同步组建信息网络安全警察队伍，中国的第一代网络警察诞生了。此后我国陆续颁布了关于信息安全的相关条例和办法，其中包括：国务院《中华人民共和国计算机信息网络国际联网管理暂行规定（修正）》(1997 年 5 月 20 日）、国务院《计算机信息网络国际联网管理暂行规定实施办法》(1997 年 12 月 11 日）、国务院《中华人民共和国计算机信息网络国际联网安全保护管理办法》(1997 年 12 月 11 日）、国务院《互联网上网服务营业场所管理条例》(2002 年 9 月 29 日）、国务院《中华人民共和国电信条例》(2000 年 9 月 25 日）、国务院《互联网信息服务管理办法》(2000 年 9 月 25 日）、国务院《信息网络传播权保护条例》(2006 年 5 月）。

2. 聚焦网络空间或网络安全的立法阶段

聚焦网络空间或网络安全的立法是 2012 年党的十八大报告才提出的，党的十八大报告中采取了信息安全的概念。2014 年 2 月中国共产党中央网络安全和信息化委员会会议上，习近平总书记提出了“没有网络安全就没有国家安全，没有信息化就没有现代化”的论断。从此之后，我们国家对于网络安全的保护也提上了战略高度。2016 年 11 月人大常委会通过了《中华人民共和国网络安全法》，2016 年 12 月 27 日国家互联网信息办公室发布了《国家网络空间安全战略》，阐明了中国关于网络空间发展和安全的重大立场。

2020 年 10 月 13 日，十三届全国人大常委会第二十二次会议在北京召开，个人信息保护法草案首次提请审议，会议提出“制定一部个人信息保护方面的专门法律，将广大人民群众的个人信息权益实现好、维护好、发展好具有重要意义”。第一是进一步加强个人信息保护、法制保障的客观要求；第二是维护网络空间良好生态的现实需要；第三是促进数字经济健康发展的重要举措。

经过三次审议，2021 年 8 月 20 日，十三届全国人大常委会第三十次会议表决通过了《中华人民共和国个人信息保护法》，并于 2021 年 11 月 1 日起施行。为公民个人网络信息安全提供了强有力的法治支撑。《个人信息保护法》与《网络安全法》《数据安全法》多管齐下，既加强了我国网络安全与数据安全的顶层设计，又为个人网络信息保护织就了一张严密法网。

《个人信息保护法》共 8 章 74 条。在有关法律的基础上，该法进一步细化、完善，个人信息保护法切实将广大人民群众网络空间合法权益维护好、保障好、发展好，使广大人民群众在数字经济发展中享受更多的获得感、幸福感、安全感。

3. 2021年中国信息安全及其立法大事件

1）国标《信息安全技术 信息系统密码应用基本要求》正式发布

2021年3月9日，《信息安全技术 信息系统密码应用基本要求》（GB/T 39786—2021）正式发布，并于2021年10月1日起实施。该要求从行业标准上升为国家标准，是商用密码应用与安全性评估工作的重要里程碑，对促进我国密码事业发展以及规范密码应用具有重要意义；是贯彻落实《中华人民共和国密码法》，指导商用密码应用与安全性评估工作的一项基础性标准，将进一步规范和引导信息系统合规、正确、有效应用密码，切实维护国家网络与信息安全。

2）工信部发布《移动互联网应用程序个人信息保护管理暂行规定（征求意见稿）》

为深入贯彻落实党的十九届五中全会精神，加强移动互联网应用程序（App）个人信息保护，规范App个人信息处理活动，在国家互联网信息办公室的统筹指导下，工业和信息化部会同公安部、国家市场监管总局起草了《移动互联网应用程序个人信息保护管理暂行规定（征求意见稿）》，2021年4月26日公开征求对《移动互联网应用程序个人信息保护管理暂行规定（征求意见稿）》的意见。

3）《中华人民共和国数据安全法》正式发布实施

2021年6月10日，《中华人民共和国数据安全法》正式发布，2021年9月1日起实施。它是为了规范数据处理活动，保障数据安全，促进数据开发利用，保护个人、组织的合法权益，维护国家主权、安全和发展利益而制定的法律。

4）《关键信息基础设施安全保护条例》正式实施

2021年8月17日，《关键信息基础设施安全保护条例》正式发布，并于2021年9月1日起施行。该条例的出台旨在建立国家关键信息基础设施安全保护制度，明确各方责任，加强关键信息基础设施安全保护、保卫和保障，进一步提升我国网络空间安全保障的整体水平，切实维护国家网络安全和国家安全。

5）《中华人民共和国个人信息保护法》正式施行

2021年8月20日，十三届全国人大常委会第三十次会议表决通过《中华人民共和国个人信息保护法》，并于2021年11月1日起正式施行。《个人信息保护法》从自然人个人信息的角度出发，给个人信息上了一把“法律安全锁”，成为中国第一部专门规范个人信息保护的法律，对我国公民的个人信息权益保护以及各组织的数据隐私合规都将产生直接和深远的影响。

6）工信部、国家网信办、公安部发布《网络产品安全漏洞管理规定》

2021年9月1日，《网络产品安全漏洞管理规定》（以下简称《规定》）施行。根据《规定》，中华人民共和国境内的网络产品（含硬件、软件）提供者和网络运营者，以及从事网络产品安全漏洞发现、收集、发布等活动的组织或者个人，应当遵守本规定。《规定》提出，任何组织或者个人不得利用网络产品安全漏洞从事危害网络安全的活动，不得非法收集、出售、发布网络产品安全漏洞信息；明知他人利用网络产品安全漏洞从事危害网络安全的活动的，不得为其提供技术支持、广告推广、支付结算等帮助。《规定》明确，利用网络产品安全漏洞从事危害网络安全活动，或者为他人利用网络产品安全漏洞从事危害网络安全活动提供技术支持的，由公安机关依法处理；构成《中华人民共和国网络安全法》第六十三条规定情形的，依照该规定予以处罚；构成犯罪的，依法追究刑事责任。

7）《中华人民共和国反电信网络诈骗法（草案）》公开征求意见

2021 年 10 月 19 日，第十三届全国人大常委会第三十一次会议对《中华人民共和国反电信网络诈骗法（草案）》进行了初次审议，这是我国首次对打击治理电信网络诈骗进行专门立法，并已在中国人大网公布，面向社会公众征求意见。该草案规定了反电信网络诈骗工作的基本原则，规定了各部门职责、企业职责和地方政府职责，加强协同联动工作机制建设。

8）国家网信办对《网络数据安全管理条例（征求意见稿）》公开征求意见

2021 年 11 月 14 日，国家网信办发布了《网络数据安全管理条例（征求意见稿）》公开征求意见。《网络数据安全管理条例（征求意见稿）》是为落实《网络安全法》《数据安全法》《个人信息保护法》等法律关于数据安全管理的规定，规范网络数据处理活动，保护个人、组织在网络空间的合法权益，维护国家安全和公共利益，根据国务院 2021 年立法计划，国家互联网信息办公室会同相关部门研究起草的征求意见稿。

9）《“十四五”国家信息化规划》高度重视网络安全建设

2021 年 12 月，中央网络安全和信息化委员会印发《“十四五”国家信息化规划》（以下简称《规划》），对我国“十四五”时期信息化发展作出部署安排。《规划》是“十四五”国家规划体系的重要组成部分，是指导各地区、各部门信息化工作的行动指南。《规划》根据《中华人民共和国国民经济和社会发展第十四个五年规划和 2035 年远景目标纲要》中的主要目标和重点内容，把基础能力、战略前沿、民生保障等摆在了优先位置，确定了全民数字素养与技能提升、企业数字能力提升、前沿数字技术突破、数字贸易开放合作、基层智慧治理能力提升、绿色智慧生态文明建设、数字乡村发展、数字普惠金融服务、公共卫生应急数字化建设、智慧养老服务拓展等 10 项优先行动。

10）公安机关“净网 2021”专项行动成效卓著

2021 年，公安部部署全国公安机关深入推进“净网 2021”专项行动，各地公安网安部门紧密结合党史学习教育和队伍教育整顿，聚焦人民群众关切的网络违法犯罪和网络乱象，持续深化网络违法犯罪打击、网络生态治理和秩序整治。

国家网络安全工作要坚持网络安全为人民、网络安全靠人民，保障个人信息安全，维护公民在网络空间的合法权益。现代社会，互联网的发展在造福人们生活的同时也潜藏风险，如非法交易信息形成黑色产业链，并不断趋于利益化、群体化、复杂化，使个人网络信息面临泄露风险。公民信息遭泄露，轻者困扰个人生活，重者危害国家安全。

学习笔记

课前准备

信息犯罪概述

主　题：什么是信息犯罪

课前任务布置：

1．梳理出当前信息犯罪的类型。

2．梳理出当前信息犯罪发展趋势。

课前思考：

1．什么是信息犯罪？

2．我国对于信息犯罪的立法现状是什么？你知道的立法有哪些？

工作任务布置

学习情境	信息犯罪及立法	
工作任务	梳理我国对于信息安全立法的发展历程	
工作任务描述	网络技术的更新带动网络发展，网络发展催生信息犯罪不断变异升级，伴随信息犯罪的不断涌现，法律法规不断出台、完善。根据我国信息安全立法发展的特点，梳理出每个时期的时代背景、信息发展状况，以及立法情况	《关于办理信息网络犯罪案件适用刑事诉讼程序若干问题的意见》答问
任务分解	1. 分组：根据班级人数分成若干小组（建议每组 4~5 人为宜）。 2. 任务认领：每个小组任选至少 2 个具有代表性的立法，进行相关资料收集，并分析相关法律法规的时代背景和特点。 3. 案例分析：进行典型案例分析，并思考防范信息犯罪的有效路径。 4. 讨论及分享：每个小组进行成果汇报。	

注：此表中的工作任务描述、任务分解由学生扫码了解工作任务后由老师指导完成填写。

课堂学习记录

工作任务：

课堂笔记：

课后问题记录：

1. ______________________________

2. ______________________________

3. ______________________________

学习小组活动记录表

讨论主题				日期	
班级		组号		组长	
组员					
前期规划与安排					
实施情况及呈现方式描述					
实施后反思					
改进方向					

点亮“星星”——评分汇总表

讨论主题		日期	
班级		组号	
星星事项			
1		☆	
2		☆	
3		☆	
4		☆	
5		☆	
6		☆	
收获我来说			
组员互评			
教师点评			

第十八章　信息检索与分析

周次：17~18 周　课时：4 课时

导　语

信息，泛指人类社会传播的一切内容。重点在两个词："人类社会"和"传播"。信息组织的目的是传播，信息的特点如图 9-1 所示。

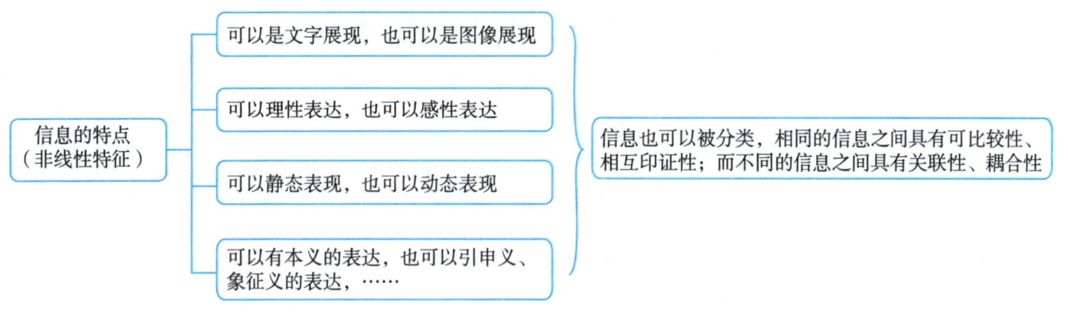

图 18-1　信息的特点

信息技术的发展对人们学习知识、掌握知识、运用知识提出了新的挑战。由于计算机技术和网络技术的应用，人们的学习速度在不断加快，也就是说从数字处理时代到互联网和富媒体时代，学习速度越来越快，模式越来越多样、资源越来越丰富。

检索是指从文献资料、网络信息等信息集合中查找到自己需要的信息或资料的过程。为了进行检索，通常需要对资料进行索引。传统文献资料需要提取题名、作者、出版年、主题词等作为索引，而在网络时代，计算机和移动终端设备可以对全文进行索引，即文中每一个词都能成为检索点。

传统文献检索经常使用到的工具是索引卡片，即将文献资料的信息记录在索引卡片上。索引卡片上一般会记载文献的题名、作者、主题词、摘要等信息，在查找文献资料时，先要查找索引，找到其馆藏位置，然后索取资料。在网络时代，人们无时无刻地进行着检索。在互联网上进行检索主要有两种方式：目录浏览和使用搜索引擎。搜索引擎是目前最为常用的一种网络检索工具。用户只需要提交自己的需求，搜索引擎就能返回大量结果。

信息检索与分析可以让我们学会如何在互联网上快速找到自己所需的信息，有很强的现实用途意义并且它的使用得当与否关乎今后很多课程的自主学习能力培养，是一个十分重要的学习工具，还是当代大学生应该具备的一种很好的文化素质。

教学实施表

实施环节			教师活动	学生活动	活动要点	建议时长
第1次课	课前	信息网络认知导入	准备信息组织相关案例、视频资料 发布课前任务	阅读课前准备资料 观看课前准备视频	让学生体验信息网络中信息组织传播的思维	20 min
	课中	课前任务检测	设置检测任务 引入讨论主题	完成课前测 讨论思考题	引导学生理解信息网络	10 min
		情境导入	万维网引入 抛出工作任务，讨论任务解决重点	思考工作任务中需解决的具体问题？ 讨论工作任务中解决问题的途径？	通过对万维网结构的认知，知道HTML的作用	25 min
		小组协作	设置分组标准 根据班级情况指导分组实施 设计小组分享框架	按分组标准组队 讨论分享框架及组内分工情况、前期准备与安排	让学生了解万维网的基本思维	25 min
	课后	制作分享素材	指导、处理分享视频、PPT制作过程中的问题	按分工制作分享素材，做好过程记录	体会小组成员在分组中的重要性	课后时间
		分享展示	任务完成过程中难点问题与破解方法	头脑风暴、信息大爆炸	巩固万维网的基本思维	课后时间
第2次课	课前	第1次课课后				
	课中	情境回顾	梳理上节课内容 分享各组学习心得	回顾万维网的基本思维	引入主题	10 min
		课前任务检测	设置检测任务 引入讨论主题	完成课前测 讨论思考题	引导学生理解信息网络	10 min
		情境导入	常用的搜索引擎使用技巧 抛出工作任务，讨论任务解决重点	思考工作任务中需解决的具体问题 讨论工作任务中解决问题的途径	让学生具备正确使用搜索引擎的能力	25 min
		小组协作	设置分组标准 根据班级情况指导分组实施 设计小组完成框架	按分组标准组队 根据任务样例，完成任务	掌握搜索引擎的使用技巧，提高搜索的效率和准确率	25 min
		总结点睛	总结点评，点亮“星星” 引出：在无垠的互联网资源库中怎样找到最符合用户需求的资源	讨论收获 实施自评、互评 设想步入职场，如何提高自己的信息检索能力？	总结梳理 收获素养	10 min
	课后	回顾反思	总结点评，点亮“星星” 引出哪些是信息网络的思维模式	讨论收获 实施自评、互评 设想步入职场，网络信息素养如何体现	总结梳理 收获素养	课后时间

第一次课前资料

信息的载体和传播手段决定了信息传播的效能和结果。语言是人类传递信息的第一载体，是社会交际、交流思想的工具，是人类社会中最方便、最复杂、最通用和最重要的信息载体系统。随着生产的发展和社会的不断进步，出现了信息的第二载体：文字。文字的发明，为信息的存储（记载）和远距离传递提供了可能，是人类的一大进步。

传播信息的传统载体是图书、报纸等纸介质媒体，通常被认为是线性组织信息的一种手段，仅能按有一种线索组织相关的内容，多数情况下以文字描述为主体，辅之以插图进行展现，在信息传播方面纸介质媒体是受限的，需要纸介质媒体的传递与交接。

传播信息的另一个载体是音频、视频等电子媒体，可以组织起形象化、动态化的信息，由于视听内容的完整性和制作的复杂性，通常也仅仅是按某一线索为主，其他线索交错于主线索中进行，电子媒体需要借助电视、收录机等专用视听设备进行展现，在信息传播方面需要建立专用的电视网络等实现传播。

计算机使得信息可以组织成多媒体文档，多媒体也使得原来以不同表现形式和载体表达的内容要素得到统一，促进视听读的一体化，它使得平面、静止的内容表现形式向立体、动态方向转变，促进了文本、声音、视频等多种媒体形式的联合，可以最大限度满足特定内容的表达需求。

互联网的信息组织与信息传播。多媒体文档需要机器展现和阅读，机器成了信息的载体。互联网可将不同机器连接成网络，通过网络可以将不同机器上的文档实现相互关联，即将逻辑上的“关联”，如图书之间的引用、信息不同层面的含义等给予物理上的实现，这就是超文本 / 超媒体技术。

超文本 / 超媒体不仅包括自身的文本 / 媒体信息，还要包含链接，能够关联不同机器的不同文档，前者由机器作为载体，后者基于互联网予以实现（即能够依据链接由一个文档的阅读自动发现另一个机器的另一个文档并进行阅读），简单而言就是：超文本 / 超媒体 = 文本 / 媒体 + 链接。

学习笔记

课前准备

主　题：基于互联网的信息组织与信息传播

通过网络搜索一首古诗，了解这首古诗所关联的信息：诗词中的典故、相关人物、诗词作者、作者生平……

网络上搜索一首古诗视频

课前测：

1. 名词解释

（1）信息

____

____

（2）信息资源

____

____

（3）数据挖掘

____

____

（4）电子图书

____

____

（5）电子报纸

____

____

2. 简述学习信息检索的意义。

____

____

____

____

____

____

____

____

工作任务布置

<table>
<tr><td>学习情境</td><td colspan="2">信息检索与分析</td></tr>
<tr><td>工作任务</td><td colspan="2">基于互联网的信息组织与信息传播</td></tr>
<tr><td>工作任务描述</td><td>1. 了解互联网（Internet）与万维网（World Wide Web）的技术内涵差别。
2. 了解万维网信息构建的过程</td><td>万维网的基本思路</td></tr>
<tr><td>任务分解</td><td colspan="2">万维网的基本思路
- 什么是万维网？
  - 万维网的名称 ——
  - 网页或Web页使用哪种超文本标记语言 ——
  - Web浏览器基于哪种协议 ——
- 什么是HTML？ ——
- 为什么需要HTML？
  - 纯文本/纯媒体与超文本/超媒体的差别
  - HTML中的标记主要有两类
    - 关于格式处理方面的标记
    - 关于“链接”的标记
- 如何获取一个网页的源代码，并能对源代码进行简单的结构阅读
  - 你访问主页的Web地址是： ——
  - 如何获取该主页的源代码 ——</td></tr>
</table>

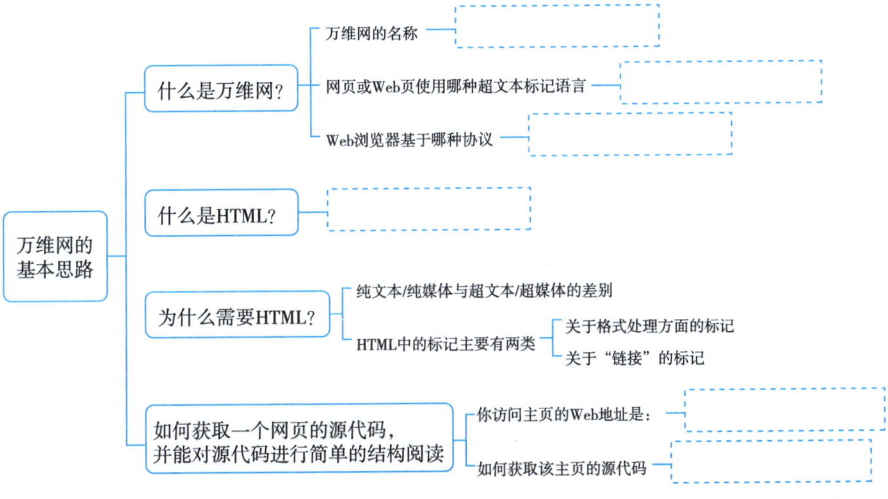

注：此表中的工作任务描述、任务分解由学生扫码了解工作任务后由老师指导完成填写。

课堂学习记录

工作任务：基于互联网的信息组织与信息传播

课堂笔记：

课后问题记录：

1. ____________________

____

2. ____________________

____

3. ____________________

____

学习小组活动记录表

讨论主题				日期	
班级		组号		组长	
组员					
前期规划与安排					
实施情况及呈现方式描述					
实施后反思					
改进方向					

第二次课前资料

搜索引擎是指根据一定的策略、运用特定的计算机程序能够从互联网上自动搜集信息，然后对信息进行组织和处理后，为用户提供检索服务，并检索匹配用户需求返回检索结果给用户的计算机系统。常用的网络搜索引擎有百度、搜狗、360等，搜索引擎的工作过程如下：

（1）爬行和抓取：在互联网中发现、搜集网页信息。

（2）建立索引库：同时对信息进行提取和组织建立索引库。

（3）排名：由检索器根据用户输入的查询关键字，在索引库中快速检出文档，进行文档与查询的相关度评价，对将要输出的结果进行排序，并将查询结果返回给用户。

1．网页抓取

搜索引擎通常利用一种称为爬虫（Spider）或搜索机器人（Robot）的程序，自动地在Internet中数以万计的网站上进行浏览并获取网页及其相关资源。引擎蜘蛛（Spider）先向页面提出访问请求，服务器接受其访问请求并返回HTML代码后，把获取的HTML代码存入原始页面数据库。搜索引擎使用多个蜘蛛分布爬行以提高爬行速度。搜索引擎的服务器遍布世界各地，每一台服务器都会派出多只蜘蛛同时去抓取网页。如何做到一个页面只访问一次，从而提高搜索引擎的工作效率。在抓取网页时，搜索引擎会建立两张不同的表，一张表记录已经访问过的网站，一张表记录没有访问过的网站。当蜘蛛抓取某个外部链接页面URL时，需要把该网站的URL下载后分析，当蜘蛛分析完这个URL后，将该URL存入相应的表中，这时当另外的蜘蛛从其他网站或页面又发现了这个URL时，它会对比看看已访问列表有没有，如果有，蜘蛛会自动丢弃该URL，不再访问。

2．整理网页信息并建立网页数据库

互联网上的网站数量与网页数量非常庞大，爬虫获取的网页，如果要存储积累起来可能需要成千上万台服务器规模的计算与存储系统，因此搜索引擎背后是庞大的网页数据库，在此数据库中扫描一遍可能需要很长时间。要提高网页数据库的检索速度，就需要对所获取网页进行处理，提取必要的信息，如关键词等，以建立“索引”，如正向索引、倒排索引等，并按照一定的规则存取所获取的网页，同时还需研究快速搜索算法以提高搜索效率。

3．接受检索条件进行检索并返回检索结果

搜索引擎可以接受用的查询请求并进行检索，对检索结果进行整理、排序，以适当的形式提供给用户。搜索引擎每时每刻都可能接到来自大量用户的几乎是同时发出的检索请求，它按照每个用户的检索条件检查索引，快速找到用户所需要的信息并返回给用户。目前，多数搜索引擎都是通过关键词获取客户的需求。当用户以关键词查找信息时，搜索引擎会在数据库中进行搜寻，如果找到与用户要求相符的网站，便采用特殊算法计算出各网页的信息关联程度，然后根据关联程度高低，按顺序将这些网页链接返回给用户。此环节的问题是：（1）关键词语的选择。搜索引擎利用关键词进行内容匹配，关键词的准确程度决定了检索结果的精准程度，有时可使用多关键词检索等。（2）检索结果的排序与浏览：搜索引擎对检索结果按照某种方式进行排序。一般而言，最贴近关键词的，匹配最好的结果放在前面，而匹配最差的则放在后面。

课前准备

主　题：快速、准确地在互联网上找到符合需求的资源

常见的信息搜索引擎代表：

- 百度。
- Sogou 搜狗。
- 360 搜索

全文搜索、
目录搜索

课前测：

利用网络上的搜索引擎，找出下列问题的答案：

1. 使用“百度”搜索引擎，查找在网页标题中含有“疫情防控”的资料，写出 3 个网页的网址。

2. 利用“图片搜索”功能查找一幅云南大学图书馆正面的图片。

3. 以“计算机网络课程”为主题，查找 docx、pptx、pdf 各一篇，并提供文章所在的 URL。

4. 如果想要查找计算机书籍，在搜索引擎中输入关键词：计算机书籍+多媒体技术–视频制作。该关键词表示（　　）。

A. 查找计算机书籍中有关多媒体技术中的视频制作方面的书籍
B. 查找有关多媒体技术但不包含视频制作方面的书籍
C. 查找有关多媒体技术但不包含视频制作方面的计算机书籍
D. 查找有关多媒体技术或者视频制作方面的计算机书籍

课前思考：

百度搜索分类的集合关系如何：百度网页、百度新闻、百度图片、百度视频。

工作任务布置

<table>
<tr><td>学习情境</td><td colspan="2">信息检索与分析</td></tr>
<tr><td>工作任务</td><td colspan="2">快速、准确地在互联网上找到符合需求的资源</td></tr>
<tr><td>工作任务描述</td><td>如果要在互联网上精准快速地找到目标信息，那么善用、会用、用好搜索引擎就非常关键。常见的搜索方式有：指定搜索网站、指定标题关键字、排除式搜索等。本次任务以“百度搜索”为例，探寻搜索引擎的使用技巧</td><td>搜索引擎的使用技巧——以百度搜索为例</td></tr>
<tr><td>任务分解</td><td colspan="2"> 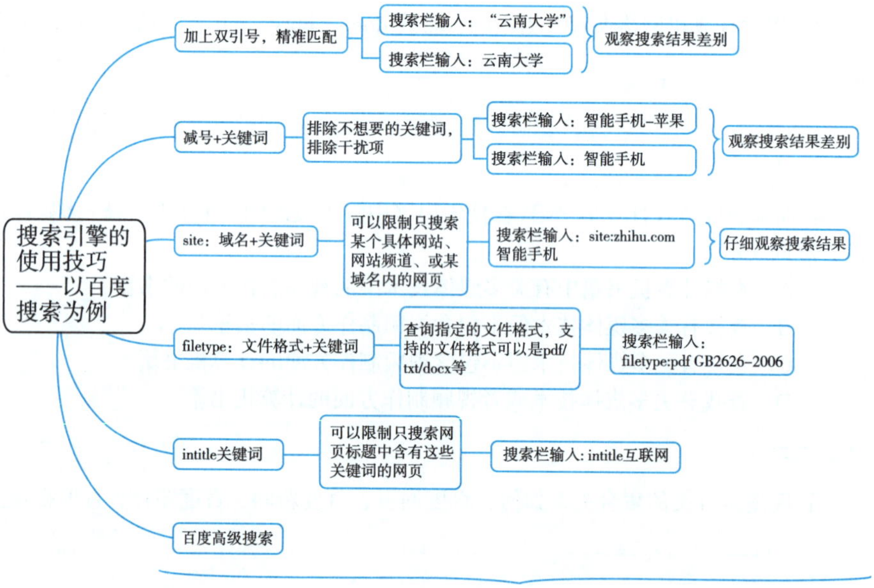搜索引擎的使用技巧——以百度搜索为例
加上双引号，精准匹配 — 搜索栏输入：“云南大学”；搜索栏输入：云南大学 — 观察搜索结果差别
减号+关键词 — 排除不想要的关键词，排除干扰项 — 搜索栏输入：智能手机-苹果；搜索栏输入：智能手机 — 观察搜索结果差别
site：域名+关键词 — 可以限制只搜索某个具体网站、网站频道、或某域名内的网页 — 搜索栏输入：site:zhihu.com 智能手机 — 仔细观察搜索结果
filetype：文件格式+关键词 — 查询指定的文件格式，支持的文件格式可以是pdf/txt/docx等 — 搜索栏输入：filetype:pdf GB2626-2006
intitle关键词 — 可以限制只搜索网页标题中含有这些关键词的网页 — 搜索栏输入: intitle互联网
百度高级搜索

注意事项：
1. 所有冒号为英文状态下的冒号；
2. 关键词之间一定要有空格；
3. 提取关键词很重要</td></tr>
</table>

注：此表中的工作任务描述、任务分解由学生扫码了解工作任务后由老师指导完成填写。

课堂学习记录

工作任务：在互联网上如何找到符合需求的资源

课堂笔记：

课后问题记录：

1. ______________________________

2. ______________________________

3. ______________________________

学习小组活动记录表

讨论主题				日期	
班级		组号		组长	
组员					
前期规划与安排					
实施情况及呈现方式描述					
实施后反思					
改进方向					

点亮“星星”——评分汇总表

讨论主题		日期	
班级		组号	
星星事项			
1			☆
2			☆
3			☆
4			☆
5			☆
6			☆
收获我来说			
组员互评			
教师点评			

参 考 文 献

[1] 蔡践 . 礼仪大全 [M]. 北京：当代世界出版社，2007.
[2] 水木然 . 认知税 [M]. 北京：中国水利水电出版社，2021.
[3] 脱不花 . 沟通的方法 [M]. 北京：新星出版社，2021.
[4] 张付山，陈燕 . 班级体验式：心理拓展活动 100 例 [M]. 济南：山东文艺出版社，2014.
[5] 费瑟斯通豪 . 远见：如何规划职业生涯 3 大阶段 [M]. 苏健，译 . 北京：北京联合出版社，2018.
[6] 凯里 . 如何学习 [M]. 玉冰，译 . 杭州：浙江人民出版社，2017.
[7] 达格 . 职业规划心理咨询全案 [M]. 谢晶，译 . 北京：中国人民大学出版社，2020.
[8] 黄天中 . 生涯规划 [M]. 北京：中国财政经济出版社，2001.
[9] 古典 . 你的生命有什么可能 [M]. 长沙：湖南文艺出版社，2014.
[10] 赵志群 . 职业教育与培训学习新概念 [M]. 北京：科学出版社，2003.
[11] 金树人 . 生涯咨询与指导 [M]. 北京：高等教育出版社，2007.
[12] 李茂 . 今天怎样“管”学生：西方优秀教师的教育艺术 [M]. 上海：华东师范大学出版社，2008.
[13] 黄天中 . 生涯规划：体验式学习 [M]. 北京：高等教育出版社，2010.
[14] 杨娟 . 中学生提分宝典 [M]. 北京：现代教育出版社，2020.
[15] 杨娟 . 中学生学业规划 [M]. 北京：现代教育出版社，2020.
[16] 里尔登，伦兹，彼得森，等 . 职业生涯发展与规划 [M]. 侯志瑾，伍新春，译 . 北京：高等教育出版社，2005.